JN001420

# 介護記録の書き方・活かし方

New Health Care Management

LIFE時代に「介護現場の質を高める」ための記録活用術

LIFEとは高齢者の介護に関する情報を収集したデータベースのこと！

田中 元 介護福祉ジャーナリスト
Hajime Tanaka

## まえがき

2021年4月から科学的介護推進システム（LIFE）が本格的に稼働し、多くの介護現場で対応が進んでいます。ただし、「加算を取るための体制づくり」が目的になっているケースも目立ちます。

大切なのは、LIFE対応を通じて利用者の状態を適切に把握し、自立支援、重度化防止、そして尊厳保持のためのケアに活かすことです。この道筋をきちんと「見える化」しないと、現場は「やらされ感」だけが募り、ケアの質の向上にはなかなかつながりません。

LIFE活用を現場にフィットさせていくには、LIFEに提供するデータを現場で収集しつつ、その収集時に「利用者のさまざまな課題に気づく（発見する）」という業務習慣を作ることが必要です。

収集するデータは「日々の記録」ですから、その記録作成を「気づき（発見）」に結びつけるしくみが求められます。

今までも、現場ではさまざまな記録が作成されてきました。それを、①LIFEへのデータ提供を想定したものへと再編しつつ、②従事者が気づきを得やすいような仕掛けを図らなければなりません。

これらの新たな「記録のしくみ」を活かしつつ、③従事者による「気づき」のレベルを上げる教育（体制づくり）も必要になります。

しかし、現場の従事者は日々やるべき実務が多く、コロナ禍では感染対策などに追われて何かと疲弊しがちです。

そうした中で、先の①～③を進めていくのは並大抵のことではありません。一つ間違えると、従事者の中に「記録など余計な実務」といった拒否反応が高まってしまう恐れもあります。

そこで、「現場において役に立つ記録」とはどのようなものか、その「様式やルール」を定めるには何が必要か——こうした現場にそくした記録のしくみづくりを解説したのが本書です。

LIFEへの提供データにもとづく「記録」というのは、取っ付きにくい部分も多々ありますが、それをできる限りかみ砕き、現場の実感に沿ったものにする道筋を描きました。

これから先、LIFE活用をめぐる科学的介護は、運営基準や介護報酬の中でさらに重要な地位を占めていくことは間違いありません。

もっと言えば、LIFEを現場のケアへとしっかり組み込むことができないと、サービス運営そのものが成り立たなくなる時代がやってきます。それがいいか悪いかは別として、サービス事業を続けていくうえで避けて通ることができないのが現実です。

しかし、そうした厳しい状況を逆手に取り、うまく活用する現場風土が築ければ、「あそこのサービスの質は高い」という地域の信頼を獲得する大きな力となります。新しい時代に飛躍するための一助として、本書を活用していただければ幸いです。

介護福祉ジャーナリスト　田中　元

## 本書の構成上の狙い

1章より　【まずは動機づけから】なぜ介護記録が重要なのか？

2章より　【次に基本を押さえる】介護記録とはどのようなものか？

3章より　【LIFEとの関連を知る】LIFEが求める介護記録とは？

4章より　【そして現場で実践】新しい介護記録をどう作成するか？

5章より　【作成したら活用】介護記録を現場のケアにどう活かす？

6章より　【最後は体制構築】介護記録を現場にフィットさせるには？

# 新しい介護記録の書き方・活かし方●もくじ

LIFEとは高齢者の介護に関する情報を収集したデータベースのこと！

LIFE時代に「介護現場の質を高める」ための記録活用術

## 第4章　現場で必要な介護記録の書き方・14のポイント

## 第5章 【実践編①】新しい介護記録の様式と書き方



## 第6章 【実践編②】新しい介護記録のケアへの活かし方

# 第1章

# 介護記録がますます重要になる6つの理由

# 理由1 「科学的介護の推進」で、正確な記録が必須になる

PDCAサイクルを動かすためのエンジン役＝介護記録

2021年度の介護保険制度の見直し（報酬・基準改定）で、もっとも大きなポイントといえば、やはり「科学的介護の推進」です。

科学的介護というと、次項で述べる「LIFEへのデータ提供」が強調されがちですが、本テーマは別にあります。それは、さまざまなデータを活用して「PDCAサイクルを動かす」ことです。

### ▶そもそもPDCAサイクルとは何か？

PDCAサイクルとは、現場でケアを実践するための基本的な考え方です。PとはPLAN（計画）、DとはDO（実行）、CとはCHECK（評価・検証）、AはACTION（対処）を指します。

要するに、①利用者のケアの計画を立て（P)、②①の計画に沿ってケアを行ない（D)、③②によって利用者の状態がどう改善されたかをチェックし（C)、④③のチェックにもとづいて①の計画を見直すなどの改善策を講じるという流れになります。

④で見直した計画に沿って、再びD→C→Aという流れが繰り返されます。ちょうど弧を連続して描くように、ぐるぐると回しながらケアの向上を進めていくという点で、「サイクル」となるわけです。

### ▶正しい記録がないとサイクルは回らない

このサイクルで特に重要なのが「C」、つまり評価・検証です。

正しい評価・検証を行なうためには、「どんなケアを行なったのか」「利用者の状態はどうだったのか」という情報が必要です。

特定のスタッフだけが「こうだった」と理解しても、ケアはチー

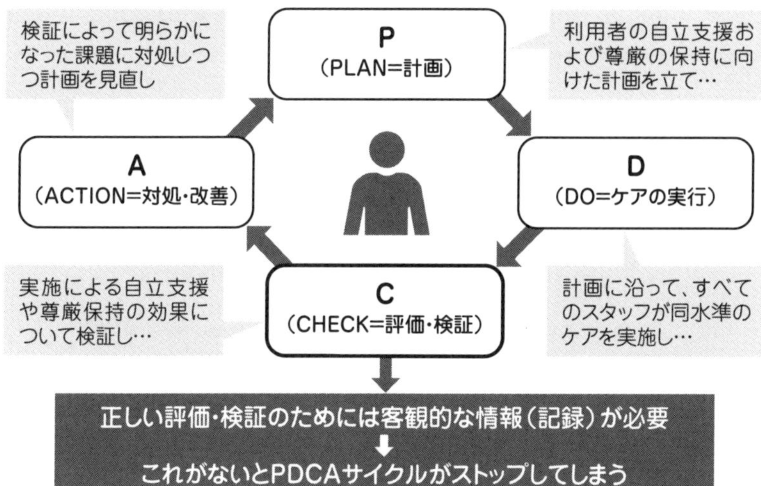


ムで行なうわけですから、他のスタッフとの理解の共有がないとケアの改善につながりません。となれば、特定のスタッフが把握したことを、誰が見ても分かる記録に落とし込むことが必要になります。

その意味で、正しい介護記録を残すことは「PDCA サイクルを動かす」ためのエンジンと位置づけていいでしょう。

### ▶PDCAサイクルが「義務化」される可能性

ちなみに、2021 年度の改定では、すべてのサービスについて、事業所・施設単位で「PDCA サイクルを構築・推進する」ことが努力義務とされました。今は「努力義務」ですが、やがては「義務化」される可能性もあります。仮に「義務化」となれば、それを実践していない場合は介護報酬が減らされることも考えられます。

その点で、PDCA サイクルのエンジン役となる介護記録について、記載ルールなどを今からしっかりと整えなければなりません。

# 理由2　LIFE連携で、ルール順守の記録が介護報酬を左右する

組織内の様式を整えることが、将来的な介護経営の安定化に

たとえば、特養ホームにおける「LIFEの利用状況」は、2021年夏時点で「利用申請予定」まで含めた割合が約9割に達しています（独立行政法人福祉医療機構調査より）。

とはいえ、実際に「データ登録（提供）」まで終えている割合は約4割。現場からは、「利用申請は済ませているが、実際にLIFE関連の加算を取るかどうかは検討中」という声も少なくありません。

### ▶基本報酬減をLIFE加算でカバーする時代!?

確かに、LIFEへのデータ提供を現場の実務に組み込むとなれば、従事者の役割分担の見直しが必要になることもあります。特定の職員の負担が増したりすれば、退職リスクも高まりかねません。

その点では、LIFE利用が現場にフィットするかどうかを慎重に見極めて、じっくり準備を進めることも一つの選択肢といえます。

一方で、将来的な介護報酬の改定をにらめば、経営サイドとしては、できるだけ早く「LIFEをめぐる加算の取得」を進めておきたいという意向も強いでしょう。人口の高齢化で介護保険財政がひっ迫する中では、基本報酬を引き下げ、その分をLIFE対応の加算の拡充でカバーするという流れが強まると考えられるからです。

### ▶既存の記録様式をLIFE仕様とすり合わせ

LIFE利用に向けて入念な準備を行ないつつ、少なくとも2024年度までにはLIFE対応の体制を整えたい——これを両立させるには、「入念な準備」の一つとして「現場実務のあり方をLIFE仕様へと近づけていく」ことを考えなければなりません。

その第一歩となるのが、現場従事者が日常的に作成している介護記録を、そのままLIFEデータとして使えるようにすることです。

たとえば、今までの介護記録の様式の中で、LIFEが求める項目が抜けているとします。その項目を様式内で補いつつ、そのままLIFEデータに転用できるよう、改めて記載のルール化を図ります。

もちろん、「記載項目が増える」というだけでは、現場の負担増となり、従事者のモチベーションにも影響しかねません。

そこで、項目を増やした分、他の既存項目の整理・簡素化を図ることも必要です。また、改めて記載ルールを整えるとして、「なぜ、それをするのか」という現場の納得を得なければなりません。

そのために、「LIFEへの順応」が事業所収入を左右するという背景をきちんと示し、現場の理解を求めることが必要です。

## 将来的な介護報酬改定で予想されること

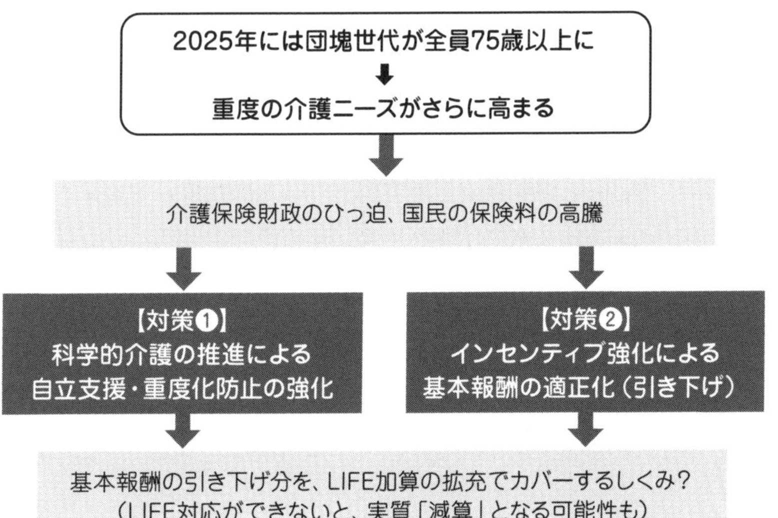

# 理由3　介護事故が増える中、記録が現場を守るカギになる

裁判等では、介護記録が重要な「証拠」となるケースも

利用者の高齢化や重度化はもとより、慢性化する従事者不足で見守り等が追いつかず、転倒･転落、誤嚥（ごえん）といった事故リスクが高まっています。さまざまな介護事故が発生した場合、事業者のみならず現場従事者が法的な責任を問われるケースも見られます。

業界団体からは、現場に過度な責任を負わせることがケアの萎縮につながるという懸念も高まっています。「高齢にともなう事故」を症候群と位置づけ、責任を限定するべきという意見もあります。

### ▶裁判等で問われる因果関係。それを証明するには…

とはいえ、利用者の安全確保について、現場がどこまで責任を負うのかという社会的な合意の形成はまだ道半ば。今後も、利用者・家族から賠償を求める動きや訴訟に至るケースは増えると思われます。

そうした中で必要なのは、「なぜ、それが起こったのか」という因果関係をはっきりさせることです。仮に裁判となって現場の責任が問われた場合でも、この点がポイントとなります。

その因果関係を裁判所が判断するには、「その時」の状況が正確に分かる材料――つまり「証拠物件」が必要です。

### ▶しっかりした記録の有無が、裁判の行方も左右

ユニット等で転倒・転落したという場合なら、最近では監視カメラ等の「映像」はあるかもしれません。しかし、それは「その時の状況」を示すだけで、因果関係を判断するには不十分です。

求められるのは、「その時」の利用者の心身状態の情報です。そ

の時の心身状態がきちんとわかれば、現場として「事故を予見できたかどうか」の判断材料となります。

たとえば、「座位からの転落」があったとして、直前のアセスメントで「本人は座位保持が可能」だったとします。そうなれば、現場で事故を予見できる可能性は低いことになります。

ところが、こうした情報に関する記録がないと、「いずれにしても本人は要介護状態だったのだから、見守り不足が転落の原因ではないか」という推測が優先される可能性も出てきます。

ここに「プロの介護サービスとして、利用者のアセスメントが十分ではない」という事実が加わると、その時点で「過失を問う」の流れになりがちです。しっかりとした記録があるか否かで、判断者（裁判官等）の心象が左右される点も考えれば、介護記録に力を注ぐことが現場従事者を守ることにもつながるわけです。

### 介護事故で「訴訟」となった場合の判断材料は？

問われるのは…
●なぜ、それが起こったのか？
●現場側に予見できる可能性はあったか？

前後の状況を示すしっかりした記録があれば…

●現場がどこまで責任を負うべきかが明確になりやすい
●記録は「一定の対処がとられていること」の証であり、過失についての判断が軽減されることも

前後の状況を示す記録が不十分であれば…

●プロの介護サービスとして「なすべきこと」が行なわれていないという判断が生じやすくなる
●「記録がない」という時点で、過失認定につながりやすい

# 理由4　多職種連携の範囲が拡大、記録が協働の要になる

### あらゆる専門職と客観的な情報を共有できるかが問われる

どんなに重度化しても、住み慣れた地域で「その人」らしく人生を全うできること――これを目指したのが地域包括ケアシステムです。介護、医療の垣根を越えた、近年の大きなテーマです。

在宅を中心に、機能向上や療養など多様なニーズに対応するわけですから、さまざまな職種がチームで支援に入ることが欠かせません。当然、そこでは多職種による連携の質がカギとなります。

**▶介護職からの情報も、チームには重要な財産**

連携の質を上げるには、支援の対象者（介護保険の利用者等）をめぐって、事実にそくした客観的な情報の共有が必要です。

その情報というのは、医療･看護･リハビリなどの専門職から「受け取る」だけではありません。本人の日常をめぐる生活上の動作や食事の状態、意欲や意向のあり方について、情報収集の中心となるのは介護職です。その情報を他職種に提供することも、チームによる適切な支援を進めるうえで欠かせない実務です。

**▶誰が見ても「判断」できる記録を目指すこと**

注意したいのは、そうした共有すべき情報に関して、それを現場でキャッチする介護職側の見立てがあいまいになることです。

たとえば、情報収集のたびに着目するべきポイントが抜け落ちていたり、評価する基準がバラバラでは、「その人に何が起こっているのか」を専門職として判断することは難しくなります。

この点を考えた時、本人の生活のどこを見るかについて、きちんと指標やルールを定めなければなりません。

そのうえで、指標やルールに沿って収集した情報を、「誰が見ても判断できる形」へとまとめる必要があります。それが記録です。

こうした記録が整っているかどうかにより、多くの職種が「今のその人の状態」について的確な判断を行なうことができます。

早期に的確な判断を行なうことにより、本人の重度化・重症化を防ぐ手立てがとれれば、仮に具合が悪くなって入院になったとしても短期間で退院できる可能性が高まります。つまり、「住み慣れた地域でその人らしく暮らし続ける」を実現できるわけです。

利用者の入院期間が短縮できれば、その間のサービス提供の「途切れ」を最小限に抑えることが可能です。結果として、介護事業所・施設の収益を高めることにもつながります。記録の書き方によって、介護従事者の給与にも影響がおよぶことになります。

## 介護側の記録が、他職種にもたらす価値とは？

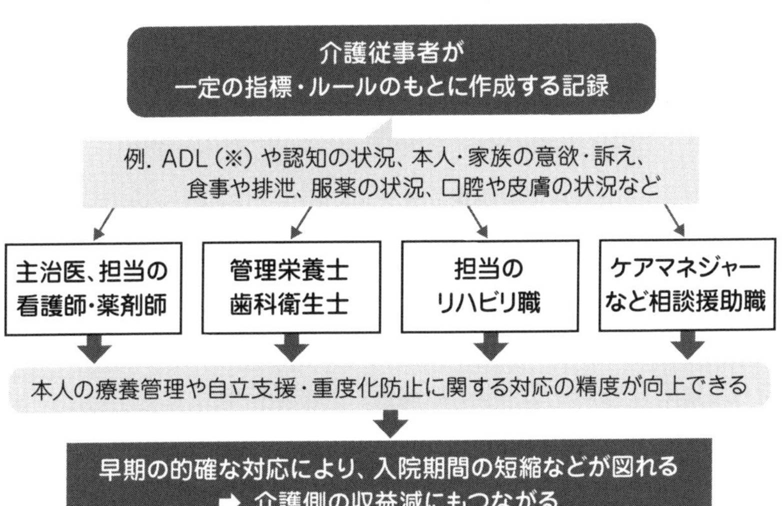


※ADL：Activities of Daily Livingの略

# 理由5　ICT活用等の介護DXで、記録のあり方が激変

**項目の整理・削減による合理化が、就業環境の改善にもつながる**

介護現場の慢性的な人員不足は、今や大きな社会問題です。

国は、介護従事者の賃金改善を図る施策を次々と打ち出しています。しかし、少子高齢化による労働力人口の減少という根本的な課題も絡む中で、なかなか劇的な効果を上げることは困難です。

この難題に挑むには、賃金改善もさることながら、現場の業務負担の軽減など就業環境の改善を図ることも欠かせません。

たとえば、サービスの質を低下させない限りにおいて、「ムリ・ムダ」のある業務をいかに整理・削減するかが問われます。

### ▶古い指標・様式を見直さないことで起こる問題

こうした業務見直しで、着目点の一つとなるのが介護記録です。

介護現場の中には、10年近く前に定めた様式を、見直すことなく使っている例も見られます。自立支援にかかる研究は進歩していますが、古い指標をそのまま使うケースも少なくありません。

結果として、「活用されない（できない）記録」が増える一方、本当に必要となる情報が未収集のままということも起こるわけです。

これらの様式や指標をきちんと見直して整理する機会を持てば、場合によっては「ムダな業務」を削減できる場合もあります。

### ▶ICT化を進める中で「ムダな動き」の削減にも

この記録の見直しを通じ、携帯している端末での入力が可能になる項目も出てくるでしょう。そうなれば、「改めてデスクでPCに入力する」といった手間も省けることになります。

※ICT：Information and Communication Technology の略。

目の前の利用者の情報を確認する場合でも、手元の端末で確認できれば、わざわざデスクに戻って確認する必要もありません。

こうした※ICT 活用によってデスクワークの時間が省力化できれば、「業務時間＝業務負担」の軽減も可能となります。

このように、今までの介護記録のあり方を見直すことは、働きやすい職場づくりのために欠かせない工程の一つとなるわけです。

### ▶「書くため」ではなく「活かすため」の記録へ

もう一つ重要なのは、これまでの介護記録のあり方を見直すことで、「何が本当に重要な情報か」を考える機会となることです。

この「考える機会」を持つことにより、目の前の利用者の状態から何が分かるのか——そのためのスキルを鍛えることにつながります。ただ「書くための記録」ではなく、「ケアに活かすための記録」へと生まれ変わらせることが可能になるわけです。

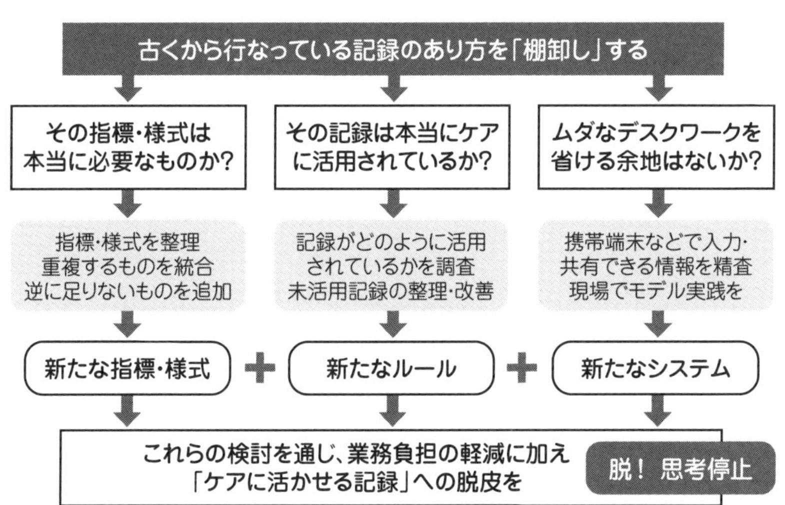

# 理由6　利用者の可能性と尊厳を支えるためにますます重要になる

「介護サービスの価値」を浮上させるツール——それが記録

あらゆる対人サービスは、目の前の顧客のニーズに応えることが使命です。ただし、顧客のニーズは多様であり、その一つひとつに対応するには、大きなエネルギーが必要です。

ニーズの中には社会的なルールや倫理にそぐわないものもあります。それらを見極めながら、場合によっては「できること・できないこと」について、顧客と折衝するエネルギーも求められます。

### ▶自分たちはどのような価値を生み出している？

対人サービスの一つである、介護サービスも同様です。

利用者のADLや認知症の症状の改善、あるいは療養上の支援は、確かに大きな使命でしょう。しかし、高齢期になれば、たとえばADLの維持・改善を目指すといっても限界があります。

現場として力を尽くしているつもりでも、利用者の期待に応えられなかったり、制度のルールを超えた要求やいわゆるカスタマーハラスメントを受けるリスクもあります。

目先の使命にとらわれ、視野が狭くなってくれば、従事者にとって、やはり「やってられない」という思いが生まれます。

これを防ぐには、「そもそも自分たちはどのような価値を生み出しているのか」という大局的な職業観を持つ必要があります。

### ▶記録の積み重ねで見えてくる「人の尊厳」

ここで言う価値とは、利用者が自身の尊厳を取り戻し、「もう少し生きてみよう、頑張ってみよう」と思える環境を整えることです。

たとえば、常に理不尽な要求をする利用者がいるとします。本人にしてみれば、「損なわれた自身の尊厳」を取り戻そうと必死になっています。その裏返しとして表に出てきた言動かもしれません。

では、その人の尊厳のあり処とは何でしょう。人の根源にかかわることなので、もちろん一朝一夕につかめるものではありません。

しかし、その人の日々の言動や生活の状況を丹念に積み重ねていく中で、見えてくることがあります。一人の従事者だけでは発見できなくても、複数の従事者を通じて浮かび上がることもあります。

たとえば、身体能力が衰えたり認知症が進んでも、その人の創り出す役割や可能性を周囲がきちんと認めれば、「生きる力」につながります。そのポイントは、先に述べた積み重ねの中にあります。

その積み重ねを明らかにするのが、記録です。記録を通じて「その人の尊厳のあり処」を浮かび上がらせることができれば、すべての従事者が「自分たちの業務の価値」を享受する機会となります。

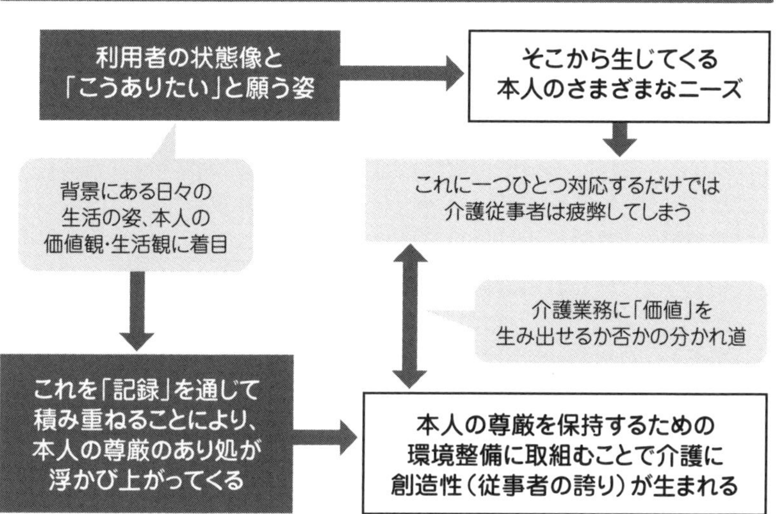

コラム

## コロナ禍で、介護記録がますます重要になる理由

**職員A**　新型コロナウイルスの感染拡大で、現場の感染症対策などにますます追われています。そんな状況だと、日々の記録作成も大きな負担になってくるのですが…。どうしたらいいでしょう。

**管理者B**　現場が大変なのは、私たちも重々承知している。でも、効果的な感染対策のうえでも、実は記録作成がとても重要になるんだ。

**職員A**　どういうことでしょう?

**管理者B**　たとえば、マニュアル通りの感染対策がきちんと行なわれているかどうかをチェックするには、そのためのリスト記入が必要だよね。それだけを日々の実務から切り離して行なうと、かえって効率が悪くなったり、見落としが生じる可能性も高まりやすい。

**職員A**　そういうものですかね。

**管理者B**　一連のケアの流れの中で、感染対策を実施したか否かをチェックする機会があれば、「この場面での手洗いやうがいを忘れていた」というミスも起こりにくくなるわけだ。

**職員A**　なるほど。そうですね。

### ◎緊急時こそ、日々の介護記録が大切に

**管理者B**　もう一つ重要なのは、職員の誰かが感染したとして、その職員と濃厚接触した利用者が誰だったのかなどは、介護記録がきちんととれていれば、把握しやすくなるだろう?

**職員A**　確かに、濃厚接触者を追跡しやすくなりますね。ゾーニングなどを行なううえでも、重要なデータとなります。

**管理者B**　感染拡大時は現場の負担が大きくなるのは確かなんだが、そこで利用者の状態把握がおろそかになってしまうと、体調悪化などで感染時の重症化リスクが高まることになりかねない。

**職員A**　緊急時こそ、日々の介護記録がより大切になるわけですね。

**管理者B**　そのあたりは、改めて研修等で周知しておこう。

# 第2章

# 介護記録って
# そもそも何？
# 業務でどう活かす？

# 「介護記録」の法令上での位置づけ

## 厚労省令などでの「定め」について整理・チェック

介護保険によるサービスの運営については、介護保険法で規定されています。また、詳細な規定については、介護保険法の趣旨にもとづいて厚生労働省令（いわゆる運営基準）で定められています。

これらの規定・定めについて、「義務づけ」が明記されている場合には、それに従わないと指導・監査の対象となります。

指導・監査の結果として勧告や業務改善命令が出されることもあり、それに従わないと指定取り消しなどの処分を受けることにもなりかねません。施設・事業所の存続にもかかわるわけです。

### ▶従うべき運営基準に定められた「記録」とは

では、介護記録に関する定めはどうなっているのでしょうか。

介護保険法では、厚労省の定める運営基準に従っていない場合の勧告･命令を規定しています。その従うべき「運営基準」（厚労省令）の中で「介護記録」について定められています。

たとえば、介護老人福祉施設（特養ホーム）の運営基準では、第８条の２で以下のように定めています。

「指定介護老人福祉施設は、指定介護福祉施設サービスを提供した際には、提供した具体的なサービスの内容等を記録しなければならない」（施設ケアマネジャーによるモニタリング記録含む）

また、身体拘束を行なった場合の「緊急やむを得ない理由」等の記録、利用者からの苦情に関する記録、事故発生時の記録など、さまざまな「記録」についての定めがあります。これらの記録をサービス契約終了時から２年間保存することも義務づけています。

これらの規定については、他のサービスもおおむね同じです。

### ▶加算を取得する際に必要となる「記録」も

上記であげた記録は、すべての事業所・施設において、共通して作成しなければならないものです。この他の法定上の定めにある記録としては、介護報酬上の加算等に関するものがあります。

たとえば、口腔・栄養関連、機能訓練関連などの加算を取得する場合、それぞれの加算の算定要件を満たすことが必要です。その中に、一定の様式にもとづいた記録の定めがあります。

2021 年度改定で誕生した、科学的介護にかかる加算も同様です。LIFE に提供するデータも「記録」として残ることを考えれば、この加算取得のために「必要な記録を作成する」ことになるわけです。

なお、LIFE への提供データはもちろん、その他の記録も含めてデジタルデータとして保存することも可能となっています。

### 介護サービス施設・事業所で必要となる「記録」とは?

【すべての施設・事業所で義務づけられた「記録」】
※サービス提供計画は除く

- ●提供した具体的なサービスの内容等の記録
- ●利用者からの苦情の内容等の記録
- ●事故発生時の状況や処置についての記録
- ●基準上定められた各種研修内容に関する記録 など

契約終了時から2年間保存

2021年度改定で、虐待防止や感染対策、業務継続に関する各種基準が新設され、いずれにも研修実施が義務づけられた

【介護報酬上の加算算定に際して要件となる「記録」】

- ●リハビリや個別機能訓練に関する加算の記録
- ●口腔・栄養に関する加算で必要な記録
- ●科学的介護に関する加算で必要なデータ(記録)

# 具体的に、何をどのように記すか①様式

法定上で定められている「様式」について確認

法令上で定められた記録については、様式が示されているものと特に示されていないものがあります。

前者の様式については、厚労省が通知等を出して示しています。「通知」というのは、省令にもとづいて出されるもので、実務にそくして省令内容を解説（解釈）したものと考えていいでしょう。

具体的には、厚労省のHP上の「分野別の政策一覧」から「介護報酬」についてまとめたページを参照してください。平成24(2012)年度から最新の令和4（2022）年度まで掲載されています。

### ▶厚労省の「通知」内での定めにも注意

たとえば、2021年度の介護報酬のページを開いてみましょう。その中の「介護報酬改定に関する通知等」を確認します。

様式として示されているもののほとんどは、加算の算定時などに添付が必要となる「届出書」や「計画書」ですが、一部で「記録」の様式もあります（例．口腔衛生管理加算の実施記録など）。

また、2021年度改定から拡大された科学的介護に関する加算では、LIFEへのデータ提供のための様式が示されています。その様式内では、利用者の状態やケアの状況に関する項目もあります。

科学的介護に関する加算を取得する場合には、日々の介護記録もデータ提供の項目に準じた様式を採用することになります。これにより、現場実務の効率を高めることができるわけです。

その他、サービス提供の記録以外で省令によって定められている記録には、苦情や事故発生時の記録があります。

### ▶「省令」で定められた各種記録の取扱い

このうち事故については、通知内で「市町村に対する報告書」の様式が示されています。当然、現場での事故発生時の記録もこの報告書の様式にもとづくことになります。

ただし、現場での再発防止に向けて、必要となるデータ収集も欠かせません。その点では、リスクマネジメントなどに関する組織内委員会等で、現場の状況に応じた独自の記録様式をプラスしていくことが望ましいでしょう（詳細は132ページ参照）。

さらに、通知内で定められた各種研修内容等に関する記録ですが、こちらについては、特に様式は定められていません。これらについては、それぞれの現場で創意工夫することが求められます。

また、その他の記録も含めて、都道府県や市町村で独自に様式を定めているケースもあるので、担当部署等に確認しましょう。

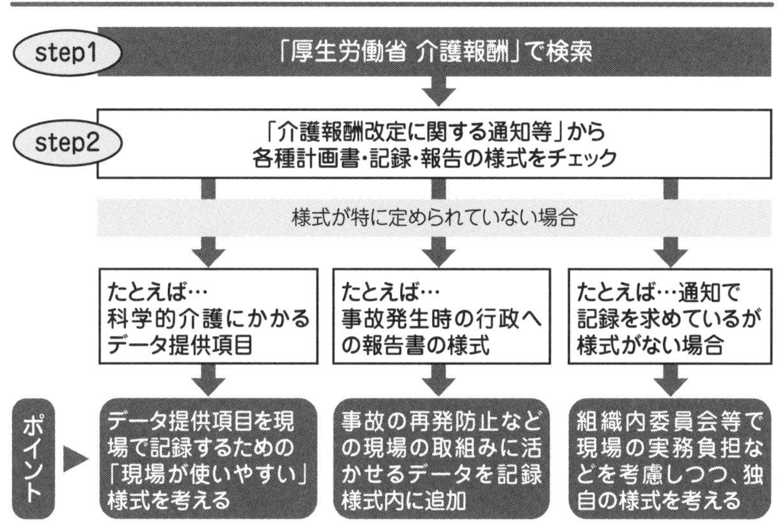

# 具体的に、何をどのように記すか②
# チェック方式と自由書式

端末上などでの簡易記録と自由書式の記録の各ポイント

介護記録の書式には、大きく分けて２つあります。

１つは、利用者の状態や行なったケアについて、チェック方式で記入していく方法です。ICT 活用が進む昨今では、職員の手持ち端末（タブレット等）で記入するスタイルが主流ですが、紙ベースで行なっているケースもまだまだ見られます。

２つめは、利用者の訴えや生活状況などについて、自由書式で記すスタイルです。上記のチェック方式でも、「備考欄」などについては（簡易ですが）自由書式で記すパターンも見られます。

### ▶記録そのものが目的化しないように注意

前者の「チェック方式」ですが、介護ソフトメーカーなどからさまざまな書式が出されています。最近では、科学的介護推進体制加算などのデータ項目にもとづいて整理されたものもあります。

注意したいのは、利用者の ADL･IADL[※1] からバイタル、口腔･栄養、認知症の BPSD[※2] の各状況、さらには各生活場面でのケアの実施状況（業務記録という位置づけも）など、チェックを入れるべき項目が広い範囲にわたることもある点です。

いくらチェック方式の簡易記録といっても、これらを全部記していては、現場の業務負担は重くなります。また、記録そのものが目的化すると、「記録を通じて利用者の状況に気づく」など、介護従事者としての本来の役割がお留守になる可能性もあります。

そこで、各項目について「何のためにそれを記録するのか」を理解する機会が必要です。場合によって、その現場にとってどの情報

※１　IADL：Instrumental Activities of Daily Living の略。
※２　BPSD：Behavioral and Psychological Symptoms of Dementiaの略。

が重要かを検討し、記録項目を整理することも考えたいものです。

### ▶「どのように」という描写の掘り下げが重要

次に、後者の「自由書式」ですが、ここで重要なのは「読み手に客観的な情報が正確に伝わること」です。

たとえば、主語と述語の関係が不明瞭（誰の言動なのかが分からないなど）であったり、従事者の主観がいかにも客観的な出来事のように記されていては、正しく情報を伝えることができません。

これを解消するうえで、５Ｗ１Ｈなど文章作成技術を鍛える機会も大切ですが、一朝一夕でなかなか身につくものではありません。

ポイントの一つとして、記録者が見聞きした状況について、それが「どのように（５Ｗ１Ｈの「HOW」）なされたのか」について、掘り下げを行なう習慣を身に付けます。詳しい状況を描くことで、主語・述語、主観・客観などの混乱がカバーされやすくなります。

### 記録のスタイルごとに注意したい点はどこに？

**手持ち端末等でのチェック方式**

【記録項目例】
●利用者の状況
・ADL・IADLの状況（各生活行為にかかる自立度など）・バイタル状況・口腔・栄養（体重やBMI値など）の状況　・認知症のBPSDに関する状況　・興味・関心の状況 など
●行なったケアの状況
・各生活行為に対する介助の範囲など
・計画に定められたケアについての実績 など

●各項目が示す意味について理解できているか？
●その現場にとっての重要度が整理できているか？

たとえば、毎日の記録が必要なものは何か？ 利用者の状態像によって、どの程度の頻度で記録すればいいか？

**自由書式による方式**

【記録項目例】
・利用者の訴え　・利用者の生活の姿
・利用者の体調　・気分等に関する状況
・ヒヤリハットなど　・明らかになった習慣など

●主語・述語、主観・客観が混同していないか？
●「どのように」という描写の掘り下げができているか？

# 記録作成の鉄則①<br>計画に対するモニタリング

計画で定めたケアが「効果」を上げているかどうか

実際の記録作成に向けて、心得たいことを確認しましょう。

まず必要なのは、「目の前の利用者の状態」や「行なったケアの状況」をただ記せばいい――というものではない点です。

最初に行なうべきは、この人の自立支援・重度化防止に向けて、有効と考えられるケアを検討し、それを計画に落とし込むことです。

計画を立てることにより、担当する従事者が誰であっても同じ指針のうえで「ケアの標準化」が図れます。

どんな対人サービスでも同様ですが、そのサービスの質が標準化（均質化）されて、初めてお金を払う価値が確立します。

介護保険サービスの収入は、40 歳以上の国民の保険料や利用者が負担する料金でまかなわれるものです。それゆえに、多くの国民の納得が得られるだけの価値を意識しなければなりません。

### ▶当初の計画を常に評価・検証することが必要

問題は、ケアの標準化を目指して計画を立てたとしても、それが本当に有効とは限らないケースがあることです。

時間の経過とともに利用者の状態が変わってくれば、当初の計画がそぐわなくなることもあるでしょう。

また、すぐにサービスを入れなければならないなど、利用者の生活状況等にかかるアセスメント（課題の分析）に、十分時間をかけていられない状況があるかもしれません。そうなると、当初の計画を立てるうえでの仮説が的を射ないことも起こりえます。

こうした点を考えた時、その計画が本当に有効なのかについてモ

## 例.「排泄ケア」に関する計画

| 課題 | 目標（一部略） | 支援内容 |
| --- | --- | --- |
| 1. 自分で「できる」部分はできる限り職員の手を借りずに行ないたい<br><br>プライバシーへの配慮についても、話し合ったうえで計画に反映させる | ①トイレまでの移動は廊下の手すりを使いつつ、見守りだけで自立歩行 | 職員は手すりと反対側に立ち、手すりの持ち手を確認しつつ付き添いによる見守り |
| | ②膝下の着衣の上げ下ろしについては、便座に座りつつ、見守りのもと自分で行なう | 膝上の着衣の上げ下ろしは介助。本人による膝下の上げ下ろしの間は見守り |
| | ③便座からの立ち座りは、トイレ内の手すりを使い、見守りだけで自分で行なう | 本人の前に立ち、手すりの持ち手を確認しつつ見守り |

**必要となる記録**

❶排泄介助を行なった事実・その時間・頻度
❷❶に際しての介助の状況（この場合は「一部介助」）
❸排便・排尿の状況（コントロールできているか、など）
❹計画上で想定されていない状況があれば記す
❺その他、本人の訴えなどがあれば記す

（❶〜❸）手持ち端末上などでのチェック

**自由書式で記しつつ、可能なら当初の計画との関係を記す**

例. 便座からの立ち座りに際して、ご本人から「手すりがうまく握れない」という訴えあり。手すりに手をかけて立ち上がる際に、身体がぐらついたため、ご本人の身体を支えて立位をとっていただいた。（計画1-③）

本人の握力・腕力がどうなっているか検討が必要

記録を受けて、計画のこの部分の検証・見直しを行なう

当初の計画が想定していない事象が起こったことでヒヤリハットとして記録することも必要に

ニタリング（一定の頻度で評価・検証すること）が必要です。

この評価・検証のためには、利用者の今の状態に関するデータが必要です。加えて、計画通りのケアがきちんと行なわれているかどうかを確認することも必要です（仮に計画通りのケアが行なわれていなければ、計画の評価・検証は意味をなさないからです）。

**▶評価・検証のために必要となるのが介護記録**

この計画の評価・検証のために必要となるデータ（利用者の状態＋行なっているケアの状況）となるのが、介護記録です。

したがって、介護記録を作成する際には、現場でのケアの指針となる計画をきちんと頭に入れていることが前提となります。

そのうえで、より望ましいのは「計画で記されたポイント」と「介護記録で記された情報」の関連が分かるようにすることです。

たとえば、自由書式の記録内に**「計画書の関連部分（例．目標1-①など）を参照」**という具合に記します。これにより、計画書のどの部分を評価・検証するための記録なのかがひと目で分かります。

**▶排泄ケアにおける計画を例にとると…**

排泄の状況についての記録を例にとってみましょう。

排泄にかかる一連の動作の中で、「本人が自分できること」を維持してもらうことをケア計画の目標として定めたとします。

たとえば、歩行機能の衰えがあることで、「トイレまでの移動」は職員による「一部介助」が必要。その後、「便座での立ち座り」は手すりを使って自分で行ないます。職員による見守りは必要ですが、「自分でできている部分」という評価です。

ただし、着衣の上げ下ろしとなると、自分で行なうには手すりを離さなければなりません。そこで、膝下部分までの上げ下ろしを自分でしてもらい、そこから先は手すりを持って立った状態で、職員が手がけるという流れになります。

### ▶計画が想定していない状況は必ず記録

ここで、計画通りにケアを実施したとします。記録上では、「計画通りに実施したこと」を記したうえで、当初の計画で定められた目標とケアの実施内容を照合できる記載を行ないます。

ところが、ここで当初の計画で想定されていない状況が起こったとします。上記のケースでいえば、**利用者の握力・腕力が衰えて、立ち座りに際して手すりがうまく使えない**といった具合です。

これもきちんと記録に残します。現場では、ヒヤリハット報告とするケースもあるでしょう。この記録があることで、当初の計画について、利用者の安全に配慮した見直しが可能となるわけです。

**記録を受けての「計画」の検証・見直しの流れ**

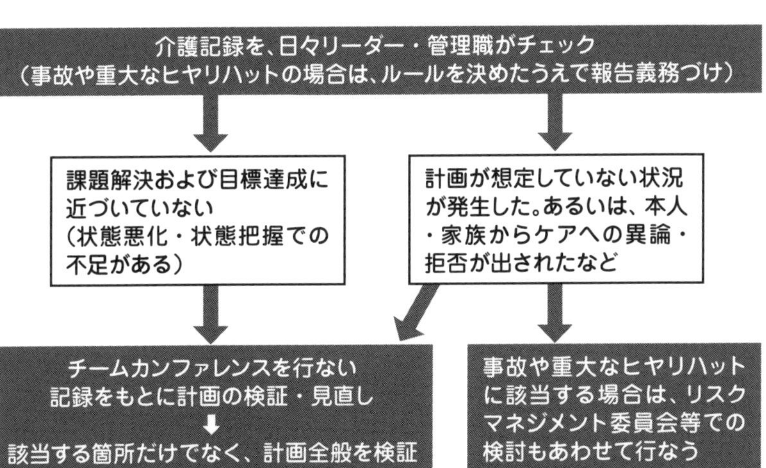

# 介護記録の鉄則②<br>日々行なうケアの評価

## 従事者の業務の状況を自主チェックするツールにもなる

介護業務で重要なことの一つが、「振り返り」です。

たとえば、自分たちの行なったケアが、現場の業務ルールに沿って適正に行なわれたかどうか。あるいは、利用者にとって有益な価値を提供できたかどうか――これらを常に意識することです。

しかし、介護現場は日々慌ただしく、しばしば利用者の体調不良など不測の事態も生じます。そうした中では、自分たちの業務を冷静に振り返るという機会を持つことが難しいこともあります。

### ▶現場での記録機会が増える中、問われるのは？

そうなると、日々の業務の中で「振り返り」を習慣化することが必要です。その習慣化を後押しするのが「記録の作成」です。

今どきの介護現場では、デスクに戻ってじっくり記録を作成したりすることは、従事者の大きな負担となることが指摘されています。そのために、手持ち端末等で「その場で記録できる」といったしくみが主流となりつつあります。そうなると、記録の作成にともなう「振り返り」も「その場で」ということになります。

その場のケアに際して、「記録」しながら、そのつど「振り返り」、利用者の状態等にかかる「気づき」を得ること。その「気づき」を次のケアに着実に活かしていくこと――同じ「振り返り」の習慣化でも、サイクルのスピードがますます問われているわけです。

### ▶自身の業務チェックによって鍛えられること

現場での「振り返り」が重要になってくる――となれば、そのつどの現場での「記録」に際して、記録の各項目が「何を意味するのか」を事前にしっかり頭に入れておくことが必要です。

タブレット記録等の導入に際して、事前研修をしっかり行なうことも大切でしょう。それに加えて、随時OJTや評価者による業務チェックなどを行なうことも必須です。

たとえば、「ケアを行なう」→「記録を作成する」という流れの直後に、**「気づいた点」を指導者等が質問します**。

もちろん、最初はすぐに反応できるケースは少ないかもしれません。その場合、利用者の状況ではなく、「自分が行なったケア」について「どんな点がよかったか、足りなかったか」を質問します。

客観的な視点よりも、**自分を見つめる主観的な視点**のほうが気づきは得やすいからです。その「自身のチェック」は、そのまま「利用者に与える影響」にも直結します。つまり、業務状況のチェック力を鍛えることで、利用者を見る目を養うことにもなるわけです。

## 「記録」を通じて得られるさまざまな「気づき」

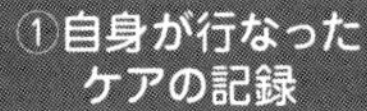


→ まず、自分が行なったケアが適切であったかどうかを意識させる

↓

自身を振り返ることで、「では、そのケアを受けた相手の心や体の状態はどうか」という点に視点が移る

↓

②利用者の状態像に関する記録 → 利用者の状態から「何が見えてくるか」を意識させることができる

↓

利用者の状態に思いを向けることで、本人の訴えや生活の姿が「どうして現れるのか」というバックボーンを考える習慣が築かれる

↓

③利用者の訴えや生活の姿に関する記録 → 「その人らしさ」を取り戻すために何が必要かという課題解決の視点が育まれる

例. 認知症のBPSDを改善させるために、体調管理や「自分でできることを増やす」などの機能訓練が有効になることもある

# 2-6 介護記録の鉄則③ それ自体が支援ツールである

「ここまでできた」の確認が、本人の意欲向上につながる

介護記録というと、支援する側のためのツールと考えがちですが、計画も記録も、そもそもは「利用者本人のためのもの」です。

法律上でも、個人情報保護法や介護保険法の関連省令により、利用者の求めがあった場合の記録等の開示や、その開示のための事業所・施設での規定の整備が義務づけられています。

## ▶開示と確認を通じて利益がもたらされること

そうした点で、介護記録とは、「自分がどのようなケアを受けて、今どのような状態にあるのか（どのような状態が期待されるか）」を知るための「権利」が保障されたツールと考えるべきでしょう。

このように「本人への開示」が前提となるなら、その開示と確認を通じて、本人に利益がもたらされることが求められます。

つまり、記録そのものが「本人が自立に向けて歩む」ことを後押しするツールにしていくことが理想となるわけです。

この点を意識して、作成することができるか。これが、介護記録を自立支援・重度化防止に直結させる重要なポイントです。

## ▶従事者と利用者の間の協働意識を築けるか

ちなみに、さまざまな計画の作成では、本人の意向や価値観を尊重することが原則です。それにより、本人の参加意欲（自分らしい人生の獲得に向け、主体的に頑張る意欲）が左右されます。

この原則から外れると、計画が「ケアを提供する側の手順書」になってしまいます。利用者にとって「自分のための計画」という意識が乏しくなり、そこに従事者との協働意識は成り立ちません。

結果として、本人の参加意欲は高められず、計画で設定した目標（生活機能の向上など）を達成することは難しくなります。

介護記録も同様です。仮に、ケア計画で「自分のもの」という意識を持ちえたとしても、計画の進捗（しんちょく）を反映する記録が「ケアを提供する側だけの確認ツール」になってしまえば、本人は蚊帳の外となります。本人の参加意欲は、再びしぼんでしまうでしょう。

### ▶目標にどれだけ近づいているかを伝える

これを防ぐには、２つの実践が必要です。

１つは、蓄積した記録データを定期的に分析し、「どこまで目標に近づけているか」あるいは「その人について、どのような可能性が新たに芽生えているか」を「見える化」することです。

たとえば、グラフ化するなど、ビジュアルを駆使する方法もあり

**介護記録（サービス提供の記録）の開示**
**法令ではどのように位置づけられている？**

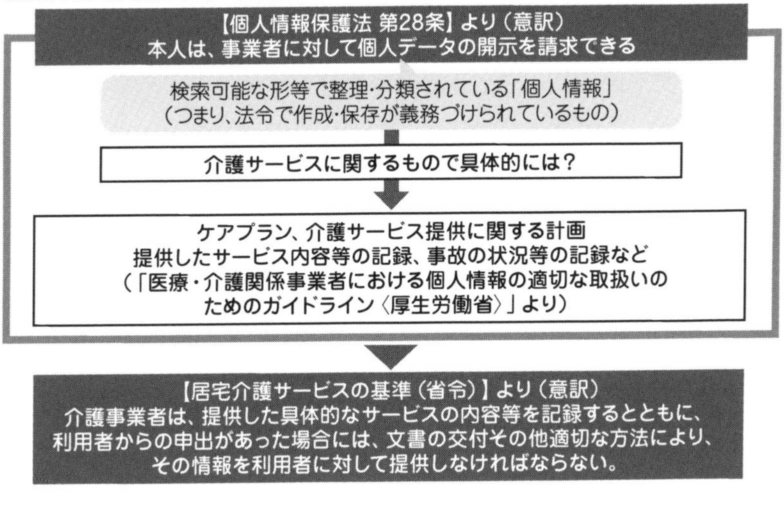

**【個人情報保護法 第28条】より（意訳）**
**本人は、事業者に対して個人データの開示を請求できる**

検索可能な形等で整理・分類されている「個人情報」
（つまり、法令で作成・保存が義務づけられているもの）

**介護サービスに関するもので具体的には？**

↓

**ケアプラン、介護サービス提供に関する計画**
**提供したサービス内容等の記録、事故の状況等の記録など**
**（「医療・介護関係事業者における個人情報の適切な取扱いのためのガイドライン〈厚生労働省〉」より）**

↓

**【居宅介護サービスの基準（省令）】より（意訳）**
**介護事業者は、提供した具体的なサービスの内容等を記録するとともに、利用者からの申出があった場合には、文書の交付その他適切な方法により、その情報を利用者に対して提供しなければならない。**

ます。ビジュアル等の認識が難しい人であっても、「どこまで改善しているか」などについて、さまざまなコミュニケーション手法によってポジティブな状況を伝えていく努力が求められます。

たとえ重い認知症がある人でも、コミュニケーションの手法を工夫することで伝わる瞬間があります。逆に言えば、こうした「分析結果をどのように伝えるか」について、集中的にコミュニケーションの取り方を現場で研究したいものです。

では、仮に分析結果がネガティブであった場合はどうするか。この点については、37ページの図を参照してください。

**▶主観的な言い回しが、相手を傷つけることも**

もう1つは、自由書式における実践です。これも、「本人・家族がそれを確認すること」を前提にした記載が求められます。

たとえば、日常生活動作のさまざまな介助に際し、本人から「介助を拒否された」というケースがあったとします。

この状況をそのまま「拒否された」と書いたとして、仮に本人あるいは家族が読んだら、どう感じるでしょうか。

「拒否」という言葉はとても強く、当事者にしてみれば「自分が悪者にされている」と感じることもあります。

そもそも「拒否する」という行為の背景には、さまざまな要因があるはず。時には、介助する側に問題があるかもしれません。

この場合、①背景を描き出すために、**前後の状況を**きちんと記すこと。そのうえで、②「拒否」といった主観的な言葉でくくるのではなく、「こういう訴えをされた」という**具体的な描写**が必要です。

利用者と職員が、「一緒に課題について考える」という視点を尊重し、できるだけ事実を客観的に記す努力を続けましょう。

## 介護記録を、「利用者の自立意欲と尊厳保持を後押しする」ためのツールとするには？

### 1．目標の進捗等を、本人にとって「見える化」する

例1 Barthel Index等を用いたADL値の状況

ADL の評価にあたり、食事、車椅子からベッドへの移動、整容、トイレ動作などの計10項目を5点刻みで点数化、その合計点を評価するもの

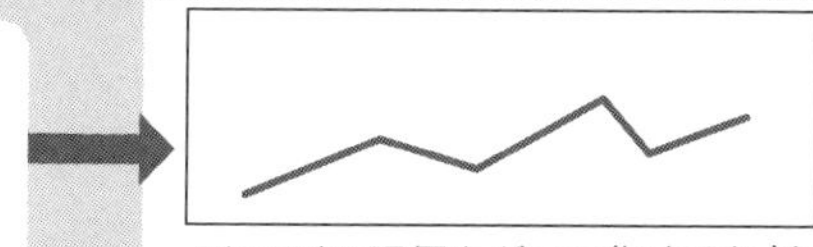

時系列の評価をグラフ化するなどビジュアルによる「見える化」を図る

認識が難しい人の場合（重い認知症があるなど）、コミュニケーションの工夫をプラス。「ポジティブ」な評価を伝える

例2 目標等に向けた進捗が進んでいない場合

本人・家族への情報開示が基本、という点は変わらない

- ポジティブな評価部分を優先的に取り上げて、本人の頑張りをたたえることで、生活意欲を維持できる空気を作る
- ネガティブ評価の部分でも、ベストな時点での評価を取り上げ、「再びここまでできる可能性がある」という希望を共有
- 現行のケア計画に対する意向（もっとこうしてほしい等）に対する、本人・家族へのヒアリングを強化し、課題を共有

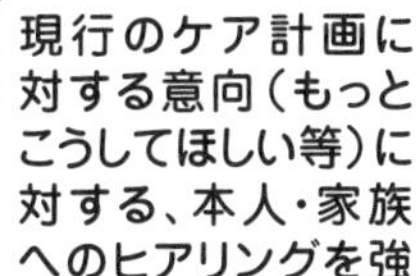

### 2．自由書式の記し方について、本人の気持ちに配慮する

記録を「サービス提供者側の確認ツール」ととらえる中で、ついひとくくりで使用してしまいがちな用語

「介護拒否」「不潔行為」「暴言」「無気力」など

本人にしてみれば、それぞれの理由がある
前後の状況や訴えの内容をきちんと記すことで
利用者とともに考える客観的な課題を浮かび上がらせることが重要

# 介護記録の鉄則④ 記録が証拠物件となることを意識する

事故・トラブルが訴訟に結びつきやすい時代だからこそ

１章の「介護記録がますます重要になる６つの理由」の「理由３」中で、介護事故等で裁判になった場合、記録がますます重要な証拠物件になるという点を述べました。この点を頭に入れた場合、日々の介護記録の作成で特に注意しておきたい点は何でしょうか。

### ▶先入観が事実をゆがめてしまう危険も

何よりも重要なのは、記録が正確であることです。

「当たり前のこと」と思うかもしれませんが、実は記録というのは、作成する人により、時としてさまざまな偏りが生じがちです。

たとえば、毎日のように同じ利用者を見て接している職員がいるとします。そして、「いつもはできていること」が、その日に限って「できていない」という状況があったとします。

そこで生じがちなのは、「それはたまたま」というとらえ方です。本人は特に「具合が悪い」といった訴えもなく、いつものように笑顔を見せている——といった状況であれば、なおさらでしょう。

まずいのは「たまたま」だからという先入観のもとに、利用者の状態についての見立てが甘くなることです。結果として、記録される内容にも（無意識のうちに）「手加減」が生じたりします。

### ▶裁判等では他記録などと照合も行なわれる

しかし、本人の様子に表立った変化がなかったとしても、ピンポイントで「いつもと違う状況」が現れているとすれば、そこには何かしらの異変が隠れていると見なければなりません。

たとえば、その後に何かしらの事故等が起こったとします。仮に裁判等にならなくても、第三者（医師など）による調査（診察など）が行なわれる可能性は高いでしょう。

その時に何かしらの異変が発見されれば、その前後の記録との照合も行なわれることがあります。そこで、「記録が事実を正確に反映していない」となれば、さまざまな憶測が生じます。

その後に訴訟などに持ち込まれたりした場合、審理を通じて診断記録などと照合した結果、「その記録には信ぴょう性がない」とされる可能性があります。そうなると、「そもそも適切な介護が行なわれていたのか。事前に異変を察知する責務を介護現場が果たしていたのか」といった点まで疑われることになるわけです。

こうした点を考えた時、何より重要なのは「目の前の事実のありのままを描くこと」です。記録を作成する際は、自分が何かしらの先入観に縛られていないかを振り返る習慣を持ちたいものです。

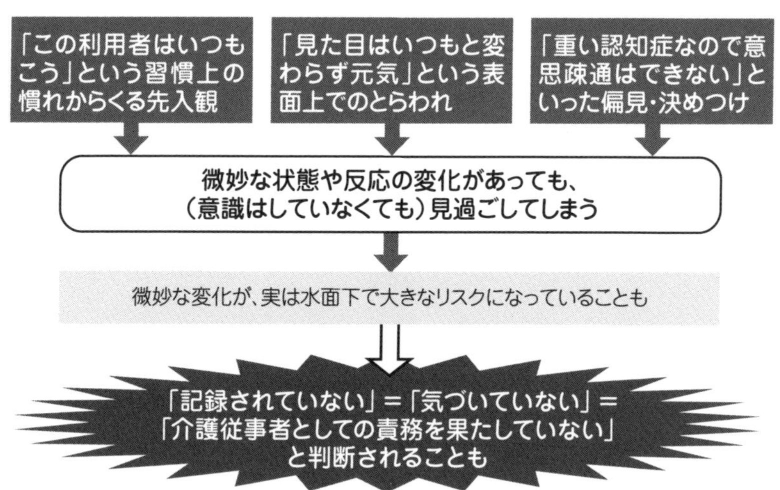

## 介護記録の鉄則⑤ 日々のケアへのスピード活用

### 記録の作成がインスピレーションを広げる機会にも

鉄則の①で「記録を計画の見直しに活かすこと」、②で「日々のケアの振り返りにつなげること」について述べました。

もう一つ、日々のケアとの関係でいえば、記録の際の意識次第で「速攻でケアの質を高める」という効果も期待できます。

### ▶利用者の「できること」が増える中で…

たとえば、入浴介助の場面で、利用者のバイタルやADLの状況、皮膚の状況、および入浴時の様子や訴えなどを記録するとします。

記録に向けた状態観察を通じて、少しずつ「自分で洗える部分」が増えてきたり、「浴槽またぎ」に際しての介助の負担が減ってきたとしましょう。恐らくは、「機能訓練の成果などが現れている」などという実感を得るのではないでしょうか。

ここで、本人から「風呂に入ってすっきりすると、食も進む」といった言葉が聞かれたとします。ピンと来るのは、「入浴の自立を通じて栄養状態の改善も図れるのでは」ということでしょう。

そのうえで、入浴を介さない時間帯での食事についても、以下のような思いつきが生じるかもしれません。たとえば「直前に温かいタオルで顔を拭いたりして気分をすっきりさせれば、食も進んでさらに栄養改善が図れるのでは…」という具合です。

### ▶一つの記録がさまざまな可能性を浮かばせる

ただケアを遂行するだけでなく、記録を通じて「その時の利用者の状態・心理を総合的にとらえる」という習慣ができることで、新たなケアに向けたインスピレーションが得られるわけです。

それだけではありません。入浴に際しての ADL が改善するということは、利用者自身が「入浴の自立」に向けて前向きになっている（だから、機能訓練も主体的に行なう）ことを意味します。

となれば、その人にとって入浴習慣というのは、単に清潔保持以上に重要な意味を持っていることになります。たとえば、長い人生の中で「お風呂」に対する**思い出も豊か**なのかもしれません。

そうした気づきから、その人との会話の中で「お風呂の話」を掘り下げていくこともできるでしょう。時には、「昔は職場でよく温泉旅行した」などという新たな生活歴が聞けるかもしれません。

そうなれば、入浴好きから今度は旅行好き、さらには人づきあいにおける価値観・生活観も浮かんでくることになります。記録を通じてケアの幅を広げる——この点も十分に意識したいものです。



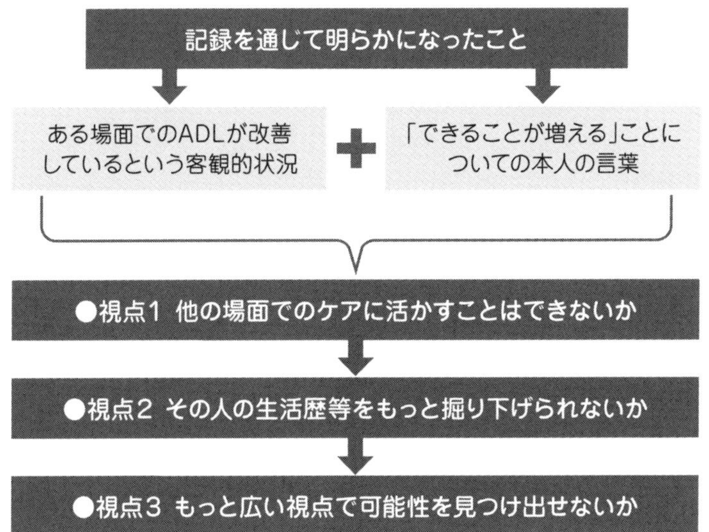

コラム

## 個人情報の保護の視点での「記録管理」について

**従事者C**　今日発生したEさんの転倒事故の記録作成が終わらないんです。家に持って帰ってやっても構いませんか？

**リーダーD**　業務マニュアルにあるとおり、記録作成業務などの家への持ち帰りはNGだよ。個人情報が洩れる恐れがあるからね。

**従事者C**　データはクラウド・サーバーにアップするから、USBメモリなどを持ち帰ることはありません。それでも、ダメですか？

**リーダーD**　事業所のパソコンは内部データの漏洩リスクがあるから、自宅のプライベートなパソコンで作業することになるよね？

　万が一、自宅のパソコンがハッキングされたりするリスクもあるだろう？

### ◎最悪の場合、行政指導を受けるリスクも

**従事者C**　自宅のパソコンにも信頼できるセキュリティ・ソフトを入れているから、その点は大丈夫です。

**リーダーD**　そういう問題じゃないんだ。私はCさんを信頼しているけど、他のご利用者やご家族、そして行政担当者の人などは、Cさんのことをすべて知っているわけではない。「あそこの事業所は、外で個人情報を取り扱っている」と知れれば、事業所および法人全体の地域での信頼が崩れてしまう。特に、ご利用者や行政へ報告しなければならない「介護事故の状況」ならば、なおさらだよ。

**従事者C**　確かに、第三者としては、事業所の内輪の事情などを考慮してもらうわけにはいきませんね。

**リーダーD**　最悪の場合、ご利用者やご家族から行政に訴えが行けば、事業所が指導などを受けかねないからね。

**従事者C**　それは大変ですね。どきっとしました。

**リーダーD**　今回は、自分がCさんからヒアリングして今日中に代わって作成する。次回からは、就業時間に終わらないと見込める場合、事前に相談してもらえばチームで分担するように手配しよう。

# 第3章

LIFEとは
高齢者の介護に関する
情報を収集した
データベースのこと！

# LIFEが求める記録とはどのようなものか

# LIFEの基本的なしくみを改めて確認

## 加算ごとに求められる情報は変わってくる

LIFEとは、Long-term care Information system For Evidenceの略です。下線部の文字をとって「LIFE」と命名されました。いわば、高齢者の介護にかかる情報を収集したデータベースです。

介護保険にかかるデータベースには、それまでも要介護認定にかかる情報やレセプト（報酬明細書）の情報などを収集したものがあります。これらは、市町村から収集する情報です。

これに対し、LIFEはサービス提供の現場から収集した情報をデータベース化したものです。現場からの収集情報によるデータベースとしては、2017年度からVISIT（リハビリの質の評価データ）、2020年度からCHASE（高齢者の状態とケアの情報等のデータ）がそれぞれ稼働していました。これを一体化したものがLIFEです。

### ▶情報の蓄積によって科学的な知見を築く

こうしたデータベースの目的は、現場から収集した情報を解析して、「どのようなケアが利用者の自立支援・重度化防止に有効なのか」というエビデンス（科学的根拠）を築くことです。

これまでも自立支援等に有効と「考えられる」ケアについて、報酬上で評価するしくみは定められてきました。しかし、それが本当に有効なのかを検証するための材料は十分とは言えませんでした。

そこで、多くの現場から一定の評価指標をもって情報収集し、データベースにすることで、科学的な知見を築こうとしたわけです。ちなみに医療では、疾病に関するさまざまな文献を検索して臨床判断に活かすという取組みが1990年代から行なわれています。

### ▶情報提供を要件とした加算が次々と誕生

問題は、できるだけ多くのサービス提供の現場から情報収集しないと、科学的な知見も乏しくなることです。

そこで、2021年度の介護報酬改定により、LIFEへの情報提供を要件とした加算が数多く設けられました。これにより、情報提供のためのインセンティブ（動機づけ）を図ったわけです。また、加算を取得しない事業所に対しても、情報提供が推奨されました。

現場の実務としては、①LIFEのホームページにアクセスして新規の利用登録を行ない、②ID・パスワードを取得してLIFEにログインします。③そのうえで、ホームページ上で公開している各種マニュアルに従い、一定の様式にもとづいて情報を提供します。

なお、提供した情報はLIFEが解析し、現場にフィードバックされます。それを活用してケアの改善に努めることになります。

#### 現場における「LIFE実務」の流れ

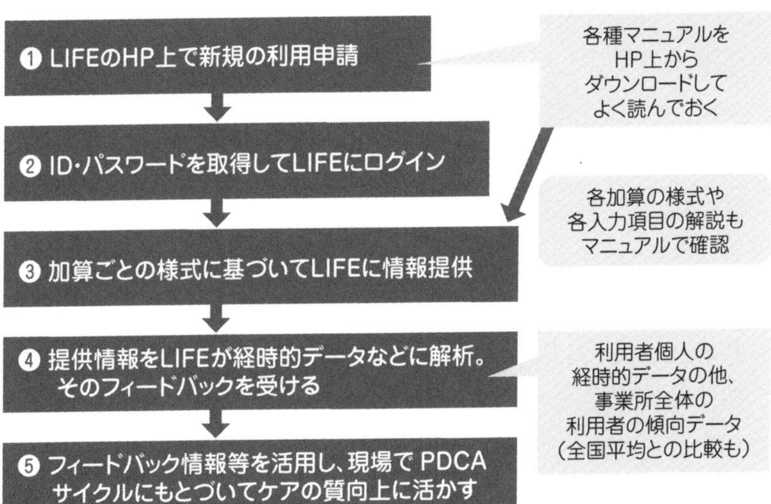

# LIFE連携を要件とした加算について

**もっとも多く適用されるのが「科学的介護推進体制加算」**

2021年度の介護報酬改定で、LIFEとの情報連携（データ提供とフィードバック活用）を要件とした加算が数多く誕生しました。

その数は、（複数区分がある加算をまとめると）16あります。

対象となるサービスは、施設系・居住系・通所系・小規模多機能型系です。今回は、訪問系や居宅介護支援は対象となっていません（訪問リハビリのリハビリ・マネジメント加算を除く）。

ただし、厚労省の審議会では、訪問系や居宅介護支援におけるLIFE活用を目指したモデル事業を進めています。2024年度の介護報酬改定で、対象サービスが広がる可能性は高いでしょう。

### ▶利用者の状態像についての基本的な情報

現行の16の加算の中で、もっとも多くのサービスで対象となるのが、新たに設けられた「科学的介護推進体制加算」です。

52ページで詳しく述べますが、要件となる「LIFEへの提供情報」は、利用者の状態を把握するうえでの基本的なものが網羅されています。科学的介護を推進するうえでの入口となる情報です。

2021年の夏時点（7月29日～8月25日）で、科学的介護推進体制加算の算定率は、特養ホームで約7割、通所介護で6割弱となっています（独立行政法人福祉医療機構調査より）。

初年度としてはかなり高い数字ですが、これは要件となるLIFEへの情報提供について、一定の猶予措置がとられているからです（科学的介護推進体制加算以外のLIFE連携を要件とした加算も同様。なお、猶予期間が過ぎてもLIFEへの情報提供が行なわれない場合は、報酬を返還しなければならない）。

とはいえ、現場の取組み意欲は高いと言えるでしょう。

### ▶「支援実績」も提供対象の自立支援促進加算

もう一つ注目したい加算としては、やはり2021年度改定で誕生した「自立支援促進加算」です。施設系サービスが対象です。

注目したいのは、この加算でLIFEへの提供が要件となる情報の中に、利用者の状態だけでなく「支援実績」が盛り込まれていることです。つまり、「日々行なっているケア」が記されるわけです。

これにより、「支援実績」と「利用者の状態」との関係も、同一データ上で分析できることになります。

現状では施設系サービスだけですが、この加算による自立支援等の効果が認められれば、その後の改定で施設系以外にも拡大されるかもしれません。多くのサービスで注目しておきたい加算です。



### LIFEへの情報提供を要件とした加算には何がある？

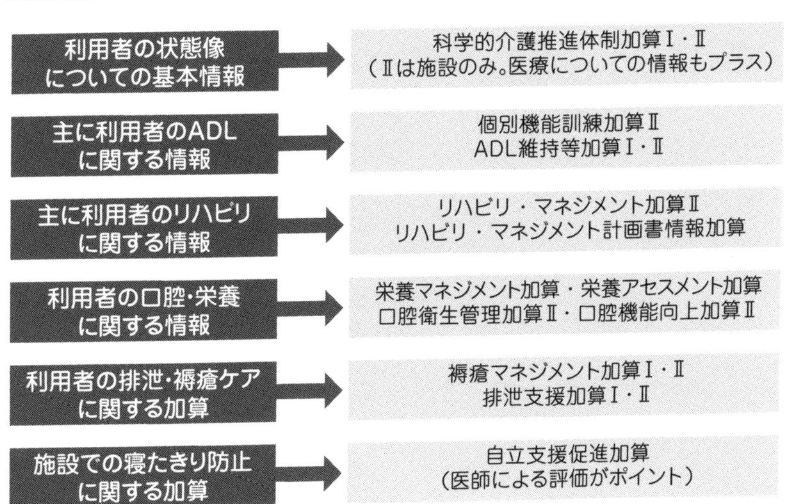

# 3-3 LIFEに提供される情報と介護記録

### 検討会で整理された30項目をまず押さえておく

LIFEについては、加算ごとに情報提供の様式があります。

どの加算を取得するかが決まっていれば、現場で記録する情報も、「その様式を意識しながら」ということになるでしょう。

ただし、介護記録の目的は、「加算を算定すること」ではありません。事業所・施設の経営的に加算算定は大切ですが、その意識だけが先行すると本来の目的を見失うことになります。

### ▶LIFEの前身CHASEで定められた項目について

介護記録の目的は、あくまで「利用者の自立支援や尊厳保持に向けて、ケアの質を上げること」にあります。

その目的をしっかり押さえたうえで、結果として「現場の記録を活かした加算が算定される」という流れが理想でしょう。

そこで、「そもそもLIFEはどのような情報を求めているのか」を確認したうえで、それが利用者の自立支援・重度化防止・尊厳保持とどのように関係しているのかを整理します。

リハビリ系以外のサービス現場の場合、求められる情報は、LIFEの原型となるCHASEで求められていた情報です。

この情報については、2017年10月から厚労省で開催された「科学的裏付けに基づく介護に係る検討会」で、項目のピックアップおよび整理が行なわれました。「基本的な項目」については、最終的に30項目。その他、加算ごとの「目的」に応じた項目、利用者の興味・関心などを含めた「その他」の項目となっています。

## CHASEで求めていた30の基本項目
～できるだけ多くの事業所において入力されるべき項目～

| 分類 | 項目名称 |
| --- | --- |
| 総論 | 保険者番号 |
| 総論 | 被保険者番号 |
| 総論 | 事業所番号 |
| 総論 | 性別 |
| 総論 | 生年月日 |
| 総論 | 既往歴 |
| 総論 | 服薬情報 |
| 総論 | 同居人等の数・関係性 |
| 総論 | 在宅復帰の有無 |
| 総論 | 褥瘡の有無・ステージ |
| 総論 | Barthel Index |
| 認知症 | 認知症の既往歴等 |
| 認知症 | DBD13 |
| 認知症 | Vitality Index |
| 口腔 | 食事の形態 |
| 口腔 | 誤嚥性肺炎の既往歴等 |
| 栄養 | 身長 |
| 栄養 | 体重 |
| 栄養 | 栄養補給法 |
| 栄養 | 提供栄養量（エネルギー） |
| 栄養 | 提供栄養量（タンパク質） |
| 栄養 | 主食の摂取量 |
| 栄養 | 副食の摂取量 |
| 栄養 | 血清アルブミン値 |
| 栄養 | 本人の意欲 |
| 栄養 | 食事の留意事項の有無 |
| 栄養 | 食事時の摂食・嚥下状況 |
| 栄養 | 食欲・食事の満足感 |
| 栄養 | 食事に対する意識 |
| 栄養 | 多職種による栄養ケアの課題 |

**日々の介護記録上で特に意識したいポイント**

医師の診断で情報が更新された場合は、看護師等がそのつど記録。アセスメント票等の改編、共有を

利用者の服薬状況（処方通りに服用したか否かなど）も記録対象に

入浴・着替えケアの際に皮膚の状況を確認

認知症の人の言動・様子を描く自由書式でも、指標を意識しながら

BMI値を導き出す〔＝体重÷（身長×身長）〕ための基礎データとなることを頭に入れながら…

食事時、あるいは食事をめぐる本人の訴え・様子等は、栄養状態に大きくかかわっているという点を意識したい

### ▶「褥瘡の有無」→「皮膚の状態観察」を重視

ここでは、「基本的な項目」に着目しましょう。

30項目ありますが、利用者の被保険者番号や性別、生年月日などは除いて、現場の介護記録に反映されるべき項目に絞ります（本人が特定できる被保険者番号などは、LIFEには提供されません。データ解析は、あくまで匿名性が確保できる情報に限られます）。

49ページの図で示した「総論」の中から、日々の記録への反映を意識したいものの一つが「褥瘡の有無」です。具体的には、入浴や着替え時における「皮膚の状態観察」を通じた記録となります。

ちなみに、「既往歴」や「服薬」などの医療面の情報は、医師の診断時に更新された際に、アセスメント情報の変更を通じて現場での共有を図ります。この点は、51ページを参照してください。

以下、利用者のADL状況を評価する「Barthel Index」については、評価者以外の職員の記録も含めて56ページで述べます。

### ▶栄養改善の基本は「身長・体重」の記録から

「総論」以外は、認知症、口腔、栄養に関する項目となります。

認知症については、「認知症の疾患名」の他、「DBD13」「Vitality Index」という指標にもとづいた評価を行ないます。

後者の2つの指標では、その一部について、この後で取り上げる科学的介護推進体制加算での「必須」「任意」情報になっています。現場で特に意識したい項目などは、55ページで取り上げます。

次に口腔・栄養ですが、これも詳しくは53ページで後述します。

とりあえずここで意識したいのは、栄養にかかる「身長・体重」です。「これで栄養状態が分かるのか」と思われるかもしれませんが、「BMI値（ボディマス指数）」の算出に必要な情報です。

つまり、定期的に利用者の身長・体重を記録し、その推移を見ることは、栄養状態の改善に向けた基本となるわけです。

### ▶栄養や食事に対する本人の「訴え」にも注目

上記以外の口腔・栄養の項目については、加算の様式で「求めている場合のみ」の情報提供となります。とはいえ、加算を取得する・しないにかかわらず、気にしておきたいポイントがあります。

それが、利用者の意欲や意識に関することです。

具体的には、栄養に関する項目の中で、「(食生活に関する）本人の意欲」と「食事に対する意識」に注目します。

たとえば、自由書式において、利用者の訴えなどを記録する場合、「本人は日々の食生活ついてどう考えているか（関心が高いか否かなど)」、「毎日の食事についての意向はどうか」などに特に配慮することで、栄養ケアに活かす余地が広がることになるわけです。

## 【49ページからのまとめ】
## 現在行なっている記録について、まず以下の点をチェック

**【医師の定期診察を受けた際の記録（看護師・管理者が担当)】**
□診断名・薬剤処方についての更新があった場合に、その内容を記録し、現場で情報共有を図るしくみになっているか？
□利用者の日々の服薬が適切に行なわれたかどうかを記しているか？

**【入浴・着替えの介助の際の記録】**
□皮膚の状態（発赤や湿疹などの状況）を記録する習慣があるか？
□様式に人体図などを取り入れて、皮膚で気づいた点の場所について簡易に記せるようになっているか？

**【利用者の体重・身長についての記録】**
□看護職などと相談し、定期・定時に測定する習慣があるか？
□BMI値を計算してグラフ化するなどの解析を行なっているか？

**【利用者の訴えや言動、様子についての自由書式の記録】**
□認知症の各種指標を頭に入れながら記す習慣ができているか？
□食事に関する訴え等に注目する習慣が徹底できているか？

# 3-4 科学的介護推進体制加算で求められる情報とは？

通所も施設も…多くのサービスが対象、LIFE加算の土台

まずは、科学的介護に向けて基本となる「科学的介護推進体制加算」に必要な情報を取り上げます。この加算は2021年度改定で誕生し、施設系、居住系、通所系など、今回のLIFE関連加算が適用されるほぼ全サービスが対象です（訪問リハビリは除く）。

言い換えれば、この科学的介護推進体制加算は、利用者の基本的な情報をLIFEに提供するための加算です。この加算の取得を「土台」として、その他の加算に必要な情報（口腔、栄養、機能訓練などに関するより詳細な情報）を上乗せするととらえてください。

### ▶加算取得に向けて、収集すべき情報は？

加算取得に向けて収集・評価すべき情報は、大きく分けて４つあります。①利用者の基本情報、②総論となる情報、③口腔・栄養に関する情報、④認知症に関する情報です。

このうち、②については、さらに以下の４つに分類できます。❶既往歴や服薬情報など医療に関する情報、❷同居家族等に関する情報（施設系等の場合は、家に戻った際の状況）、❸ADLに関する情報、❹サービス提供（継続or中止等）の状況に関する情報です。

なお、LIFEへの提供が「必須」となるのは、①のうち「障害高齢者および認知症高齢者の日常生活自立度」、②-❸の「ADLに関する情報」、③の「口腔・栄養に関する情報（褥瘡の有無を除く）」、④の「認知症に関する情報（評価項目によって任意あり）」です。

②-❶の「医療に関する情報」および❷の「同居家族に関する情報」については、施設系サービスで区分Ⅱを算定する場合に「必須」

## 科学的介護推進体制加算――「利用者の状態」の評価項目

**●科学的介護推進体制加算――「利用者の状態」の評価項目**

| 基本情報 | 「評価日」と「前回評価日」 |
|---|---|
| | 障害高齢者の日常生活自立度 |
| | 認知症高齢者の日常生活自立度 |
| | 被保険者番号・生年月日・性別など |

「LIFE利活用の手引き」の評価基準と照らし合わせたうえで、現場スタッフが評価

| 総論となる情報（その1） | |
|---|---|
| ❶医療にかかる情報 | 既往歴（前回の評価時からの変化） |
| | 服薬情報（薬剤名、服薬頻度、処方期間） |
| ❷同居家族にかかる情報 | 同居家族の有無 |
| | 家族が介護できる時間 |

施設系で加算Ⅱを算定する場合には必須（特養の場合は既往歴のみ）

**●介護記録への反映…いずれも「変化」があった場合に、看護師やケアマネジャー、相談員等から介護職員等に伝えられた情報をそのつど記す（更新日も記載）**

| 総論となる情報（その2） | |
|---|---|
| ❸ ADLに関する情報 | ・食事・トイレ動作・階段昇降・更衣・排便および排尿コントロール<br>→「自立」「一部介助」「全介助」の３段階評価 |
| | ・椅子とベッド間の移乗<br>→「自立」「要見守り」「座れるが移乗は要介助」「全介助」の４段階評価 |
| | ・平地歩行<br>→「自立」「歩行器等活用」「車いす操作が可能」「全介助」の４段階評価 |
| | ・整容・入浴<br>→「自立」「それ以外」の２段階評価 |

LIFEへの提供は必須

**●介護記録への反映…タブレット上で日々記録する、あるいは評価担当を決めて週単位等で記録。「変化」が見られた場合、そこで「生じていたこと（環境変化など）」と照らし合わせながら、よりよいケアのために何が必要かを分析する**

| 口腔・栄養に関する情報 | ・身長・体重 |
|---|---|
| | ・口腔の健康状態 |
| | ・誤嚥性肺炎の発症・既往 |
| | ・褥瘡の有無 |

通所・居住系の場合

「褥瘡の有無」以外LIFEへの提供は必須

**●介護記録への反映…身長・体重は、入浴時などの機会に週1回程度の頻度で測定。口腔の健康状態は状態変化があった場合に記載**

となります（特養ホームについては、服薬情報以外）。

### ▶認知症ケアの効果を評価する２つの指標

介護現場で、特に注意したいのが④の認知症にかかる情報です。ここでは、認知症の診断結果を記入する項目の他、認知症のアセスメントに関する２つの指標が示されています。

１つは、DBD13※（認知症行動障害尺度）というものです。利用者が認知症の診断を受けていたり、認知症の疑いがある場合に記入します。認知症の BPSD（行動・心理症状）の状態を表わす尺度であり、これによって現場の認知症ケアの効果を評価します。

もう１つは、Vitality Index（意欲の指標）です。利用者の「自ら進んで何かをする」という意欲を評価するもので、本人の尊厳保持に関するケアがきちんと行なわれているか否かに関連します。

### ▶ケアの前後の「利用者の状態像」を評価する

それぞれの項目についての具体的な記入方法は、厚労省の「ケアの質の向上に向けた科学的介護システム（LIFE）利活用の手引き」を参照してください。問題は、日々のケアの実践に関する記録との関連です。まず、この科学的介護推進体制加算で求められている情報は、基本的に利用者の「その時点での状態」についてです。「どのようなケアを実践しているか」を記すものではありません。

ADL で「介助」の状況、栄養で「食事形態」などをチェックする項目はあります。しかし、現場における「具体的なケアの状況」までは描き出すしくみになっていないわけです。

とはいえ、ケアの実践後の「利用者の状態」を評価することはできます。まず、この「実践後の状態」をしっかり評価する——そのために介護記録の項目として用いることはできます。

※　DBD：Dementia Behavior Disturbance Scale の略。

### ▶加算要件の「6か月ごと」にはこだわらない

注意したいのは、科学的介護推進体制加算に必要な評価は「利用開始時」と「少なくとも6か月ごと」という点です。

加算要件では「6か月ごと」としていますが、「具体的なケアの状況」等に関する記録の頻度はどうすればいいのでしょうか。要件は「少なくとも」となっていますが、果たして毎日記録する意味があるのかどうかは迷うところです。

ただし、たとえば短期(日ごと、週ごと)でも、さまざまな環境要因によって状態像が大きく変化することもあります。その変化に際して「何が影響していたのか」を検討することも、その後のケアのあり方を考えるうえでは必要な分析です。そのあたりを考慮、記録のタイミングを設定することが必要です。

## 科学的介護推進体制加算——認知症に関する評価項目

| 認知症の診断について | あり･なし(診断日も記入) |
|---|---|
| | 原因疾患(アルツハイマー病、血管性認知症、レビー小体病、他) |

事前情報として現場で共有(診断のつど更新)

それぞれ「まったくない」「ほとんどない」「ときどきある」「よくある」「常にある」から選択

| DBD13(認知症行動障害尺度)<br>※認知症の診断または疑いのある場合に記載 | |
|---|---|
| LIFEへの提供の必須項目 | •日常的な物事に関心を示さない<br>•特別な事情がないのに夜中起き出す<br>•特別な根拠もないのに人に言いがかりをつける<br>•やたらに歩きまわる<br>•同じ動作をいつまでも繰り返す |
| 任意項目 | •同じ事を何度も何度も聞く<br>•昼間、寝てばかりいる<br>•世話をされるのを拒否する<br>•物を貯め込む など(他5項目) |

●介護記録への反映…認知症の人の日々の生活･支援を記録。その記録をチームで振り返る中で、1か月に1回程度DBD13やVitality Indexの指標に反映させる。悪化している場合の原因などを検討する

※Vitality Index(意欲の指標)については、131ページ参照

# ADL指標「Barthel Index」と介護記録

対象サービスが広がったADL維持等加算の評価指標

2018 年度の介護報酬改定で、通所介護に誕生したのが「ADL維持等加算」です。一定の指標にもとづいて利用者の ADL 状態の変化を評価し、事業所全体で利用者の維持・向上の傾向が認められた場合に報酬が上乗せされるというものです。

ケアのプロセスではなく、「結果」を要件とした点で「アウトカム評価」といいます。今後、増える可能性のあるしくみです。

2021 年度改定では、この ADL 維持等加算の対象サービスが、介護付き有料老人ホームや特養ホームにも拡大されました。算定実務を一部簡素化したり、加算単位を大きく増やすなど、国としても算定の拡大に向けて力を入れています。

### ▶Barthel Indexが対象とする「動作」は？

さて、この ADL 維持等加算で、利用者の ADL を評価する指標として用いられているのが、「Barthel Index」。リハビリ系サービスなどでは、広く普及している指標です。

ひと言でいえば、利用者の「食事」「移乗」「整容」「トイレ動作」「入浴」「歩行」「階段昇降」「着替え」「排便コントロール」「排尿コントロール」の 10 項目の動作状況を評価するものです。

評価方法としては、それぞれの項目ごとに「自立」「一部介助」「全介助」等で 10 点、5 点、0 点（一部 15 点あり）で点数化します。ちなみに、ADL 維持等加算の算定においては、この Barthel Index を使った評価のための専門の研修を受けることが必要です。

# Barthel Indexから考える介護記録のポイント①

## ●「食事」について

| 評価 | 動作状況例（LIFE 利活用の手引きより） |
|---|---|
| 自立（10点） | •お皿から食べ物を取り（食べやすい大きさに自分で切る等含む）適切な時間内に食べることができる<br>•自助具を使用して自分で食べることができる など |
| 部分介助（５点） | •食べ物を食べやすいように切る介助が必要<br>•エプロンの装着に介助が必要 など |
| 全介助（０点） | •ほとんど介助してもらい食べている（栄冠栄養含む） |

☑ **介護記録の作成上のポイント** 調理形態などは除き、あくまで食卓における「利用者のしている動作（エプロン装着なども含む）」に着目

## ●「移乗」について

| 評価 | 動作状況例（LIFE利活用の手引きより） |
|---|---|
| 自立（15点） | •「車いすに移る」「ベッドに移って横になる」までの一連の移乗動作（ベッド上の端坐位なども含む）を一人で安全にできる |
| 最小限の介助（10点） | •「利用者が立ち上がる際にお尻を軽く支える」など、上記の一例の動作の中で介助や指示、見守りが必要である |
| 部分介助（５点） | •「自分で起き上がり、腰かける」ことはできるが、「立ち上がり動作・方向転換」にかなりの介助が必要 |
| 全介助（０点） | •自分での起き上がりができず、一連の動作はほぼ全介助（リフトを使っての移乗介助も含む） |

☑ **介護記録の作成上のポイント** 「移乗」には、どのような動作が必要なのかを1つひとつ整理し、それぞれについて「介助の範囲」を評価

## ●「整容」について

| 評価 | 動作状況例（LIFE利活用の手引きより） |
|---|---|
| 自立（5点） | •手洗い、洗顔、歯磨き、髪を梳かす、髭剃りなどの一連の動作が一人でできる（化粧や各種道具の操作・管理も含む） |
| 全介助または部分介助（0点） | •上記の一連の動作に一つでも介助が必要（例. 髭剃りは行なえるが、髭剃りを出してスイッチを入れるのは介助が必要など） |

☑ **介護記録の作成上のポイント** 各種道具の操作や準備（洗顔用のタオルを出すなど）についても評価する。つまり、認知の状況も評価の対象となる

### ▶科学的介護推進体制加算でも使われている

実は、Barthel Index による評価が要件となっている加算は、ADL 維持等加算だけではありません。52 ページで取り上げた「科学的介護推進体制加算」における「ADL」に関する情報も、表記はやや異なっていますが Barthel Index にもとづいています。

つまり、ADL 維持等加算を算定していない施設・事業所でも、ステップとして Barthel Index を活用する機会が広がるわけです。

この点を考えた時、ADL 維持等加算の評価者研修などを受けていない従事者でも、利用者の生活動作を見る際の視点として Barthel Index を頭に入れておくことが求められます。

当然、介護記録を作成する際にも、Barthel Index にもとづいて「どのように評価すればよいか」を押さえておきましょう。

### ▶「LIFE の利活用の手引き」で考え方を押さえる

LIFE の HP からダウンロードできる「LIFE の利活用の手引き（※）」では、Barthel Index の各評価項目の考え方が解説されています。

たとえば、目の前の利用者の「食事」の様子を見た時、何をもって「自立」「一部介助」「全介助」とするのかについて迷うこともあるでしょう。そこで、上記の手引きに記された考え方を前もってチェックしておき、記録時に活かすようにします。

先の「食事」のケースで言えば、以下のようになっています。「自立」では、まず「お皿から食べ物を取り、適切な時間内に食べることができる」――これなら「自立」という判定は容易です。

では、「自助具を使用して自分で食べることができる」――はどうでしょうか。「自助具の使用」というのが引っ掛かるかもしれませんが、これは**「他人の手を借りずに自分で食べる」という行為が**

※正式名称は「ケアの質の向上に向けた科学的介護情報システム（LIFE）利活用の手引き」

## Barthel Indexから考える介護記録のポイント②

### ●「トイレ動作」について

| 評価 | 動作状況例（LIFE 利活用の手引きより） |
| --- | --- |
| 自立（10点） | ・「便器への腰かけ・立ち上がり」「トイレットペーパーの使用」「衣服の着脱」まで一連の動作を一人で安全にできる<br>・ポータブルトイレの洗浄、濡れたパッドの後処理なども含む |
| 部分介助（5点） | ・上記の一連の動作の一部に介助が必要（例. 立位バランスが不安定なために支える介助が必要など） |
|  | ・ポータブルトイレの使用後の洗浄などの介助も含む |
| 全介助（0点） | ・一連のトイレ動作がほぼ全介助<br>・ベッド上でおむつ交換をしているなども、全介助に含む |

☑ **介護記録の作成上のポイント** ポータブルトイレの使用後の洗浄なども含める点で「自立」のハードルは高いが、「できている部分」の尊重が大切

### ●「入浴」について

| 評価 | 動作状況例（LIFE利活用の手引きより） |
| --- | --- |
| 自立（5点） | ・洗身・洗髪を行なう、シャワーを使う、浴槽に入るなど、一連の動作を一人で安全にできる。 |
| 全介助または部分介助（0点） | ・上記の一連の動作に一つでも介助が必要（浴室で転ぶ危険性があるので、入浴中は見守りが必要という場合も含む） |

☑ **介護記録の作成上のポイント** 入浴中の見守りも部分介助に含むなど、これも「自立」ハードルは高い。湯舟にお湯を張るなどの準備は含めない

### ●「移動（平地歩行）」について

| 評価 | 動作状況例（LIFE利活用の手引きより） |
| --- | --- |
| 自立（15点） | ・一人で安全に約45m 以上連続して歩くことができる（車輪付き歩行器以外の杖などを使っても構わない） |
| 部分介助（10点） | ・脇を支える程度の介助や見守り、車輪付き歩行器を利用して約45m以上、安全に連続して歩くことができる |
| 車いす使用（5点） | ・車いすを約45m以上一人で安全に駆動することができる（方向転換や角を曲がるなどの動作も含む） |
| 全介助（0点） | ・上記の一連の動作を約45m以上連続することができない |

☑ **介護記録の作成上のポイント** 「歩けるか」「車いすを使えるか」ではなく、45mという距離に着目。事前に屋内での距離感を頭に入れておきたい

## Barthel Indexから考える介護記録のポイント③

### ●「階段昇降」について

| 評価 | 動作状況例（LIFE利活用の手引きより） |
|---|---|
| 自立（10点） | ・手すりや杖を使用し、一人で安全に１階分の昇降ができる |
| 部分介助（５点） | ・昇降に際して何らかの介助が必要（見守りも含む） |
| 全介助（０点） | ・１階分の昇降に全介助が必要（「３、４段程度の昇降」が可能であっても、１階分の昇降ができない場合は「全介助」 |

☑ **介護記録の作成上のポイント**　あくまで「1階分の昇降」を評価基準としているが、関連記録では「3、4段程度」でも「できる部分」として評価を

### ●「更衣」について

| 評価 | 動作状況例（LIFE利活用の手引きより） |
|---|---|
| 自立（10点） | ・普段つけている衣服、靴、装具の着脱が**適切な時間内**に一人でできる（ボタンを留める、ファスナーの開閉も含む） |
| 部分介助（５点） | ・動作全体の半分未満で介助が必要（逆に言えば、上記の一連の動作のうち半分以上ができている状態） |
| 上記以外（０点） | ・更衣動作の半分以上に介助が必要 |

☑ **介護記録の作成上のポイント**　「適切な時間」がどの程度かは示されていないが、その人なりのペースを尊重しながら「できている部分」の評価を

### ●「排便コントロール」について

| 評価 | 動作状況例（LIFE利活用の手引きより） |
|---|---|
| 自立（10点） | ・便失禁がなく、必要時に座薬や浣腸を自分で使用できる<br>・ストーマを使用している場合、パウチ交換等が一人でできる |
| 部分介助（５点） | ・たまに便失禁がある。座薬・浣腸の使用に介助を要する<br>・パウチ交換等に時々介助を要する |
| 上記以外（０点） | ・ほとんどのケースで便失禁がある　など |

### ●「排尿コントロール」について

| 評価 | 動作状況例（LIFE利活用の手引きより） |
|---|---|
| 自立（10点） | ・昼夜とも排尿コントロールが可能で失敗がない<br>・留置カテーテルなどを一人で装着し、洗浄管理等ができる |
| 部分介助（５点） | ・たまに尿失禁がある（昼間に失禁はないが、夜間はオムツを使用しているといったケース含む） |
| 上記以外（０点） | ・ほとんどのケースで尿失禁がある　など |

☑ **介護記録の作成上のポイント**　便・尿意コントロールができるかどうかは、利用者の尊厳を左右する重要点。他の行為への影響にも着目

**実現できている**という点で「自立」と評価することになっています。

### ▶「その人らしい主体的な姿」への着目が大切

それでは、食事時に「エプロンを装着する」というケース。

ここで、「エプロンの装着に介助が必要」であった場合はどうでしょうか。その後の「食べる行為」は「自分でできている」としても、その前提となる「エプロンの装着」に介助が必要となる点で「一部介助」という評価になります。

この「食事」を含め、10 項目について特に押さえたい視点については、57・60 ページの図を参照してください。

注意したいのは、「できているか否か」だけに集中しすぎて視野が狭くなると、その人の可能性に気づくチャンスが失われがちになることです。介護記録をよりよいケアに活かすには、「その人らしく主体的にしている姿」の全体を通して見る目が求められます。



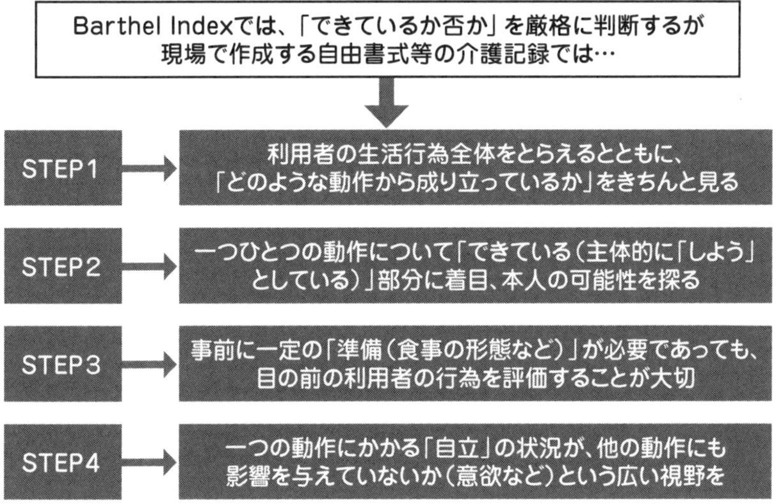

# 「生活機能チェックシート」と介護記録

## 個別機能訓練加算IIで使用のIADL等まで含めた評価表

前項では、Barthel Index による ADL 評価について、介護記録にどう反映するかについて述べました。しかし、利用者の「している生活」を評価するうえでは、より広く･深く見ることが必要です。

ここで必要になるのが、IADL と起居動作です。

前者は、利用者が「その人らしく」あるために、生活の中で「自身の主体的な活動」がどのように行なわれているかを示すもの。

後者は、すべての ADL において「基本として必要となる動作（起き上がり・立ち上がり、座位・立位の保持など）」が、どの程度まで自立できているかを示すものです。

### ▶LIFEに提出するための評価項目について

この IADL および起居動作について、LIFE に提供する情報項目を整理したのが、「生活機能チェックシート」です。

ADL についても Barthel Index に沿った項目が設けられていますが、ここでは IADL と起居動作のみを取り上げます。

このうち IADL というのは、「手段的日常生活動作」といい、その人の生活水準を維持するうえで必要となる生活動作のこと。ADL よりも、「具体的な生活水準を目指すこと」が重視されています。

これらを評価する「生活機能チェックシート」は、個別機能訓練加算で必要となるものです（LIFE への情報提供が要件とされているのは区分Ⅱ）。ちなみに、同加算が適用されるサービスは、通所介護（地域密着型、認知症対応型含む）の他、特養ホーム、介護付き有料老人ホーム（いずれも地域密着型含む）となっています。

## 「生活機能チェックシート」のIADLと起居動作項目
## 現場の介護記録には、どのように反映させるか？

### ●IADLにかかるチェック項目について

| 項目 | LIFEへの情報提供が必須とされている部分 | | 現場での介護記録に反映させるうえで考慮したいポイント | |
|---|---|---|---|---|
| 調理<br>洗濯<br>掃除 | それぞれに、「自立」「見守り」「一部介助」「全介助」の４項目で評価 | それぞれについて**「課題」**の有・無を記す | 各行為を行なううえでの「環境（実施場所・補助具等）」について記す | 各行為における状況や生活課題について記す |

現場での介護記録に反映させるうえで考慮したいポイント

- ここでは、最低限の項目に絞られている。この3点への着目は全利用者通じて必須とするも、「その人らしさ」がもっとも反映される行為はもっとあるはず。利用者一人ひとりの生活上の個性に着目して、個別に項目設定を
  → この設定自体が、利用者の生活を見る目を鍛えることにつながる
- ここで言う課題というのは、「本人の可能性を伸ばしていく（例.「一部介助」を「見守り」に格上げするなど）うえで「妨げ」となっている要因を探ることにある。ただ「できないこと」を探るわけではない
- 一つのIADLが「自立」に近づく（可能性が広がる）ことで、他の生活機能の向上にも波及する期待がもてるか。それを実現するにはどのような支援が必要かという「展望」を描くことが重要

### ●起居動作に関するチェック項目について

| 寝返り | 起き上がり | 座位 | 立ち上がり | 立位 |
|---|---|---|---|---|
| チェックシートにおける記載項目はＩＡＤＬと同じ | | | | |

現場での介護記録に反映させるうえで考慮したいポイント

↓

例.　「寝返り」ができれば「起き上がり」の自立につながる可能性がある
→「起き上がり」ができれば「座位」を保つという目標を見すえることができるという具合に、一つの自立がどこにつながっていくかを意識することが重

では、どのような様式になっているのでしょうか。

おおまかに言えば、ADL、IADL、起居動作の具体的な項目ごとに①自立度のレベル、②課題の有無、③環境（実施場所や自助具など）、④状況や生活課題を記すというものです。このうち、区分Ⅱで LIFE への情報提供が必須とされているのは、①と②です。

### ▶IADLは、施設や通所の現場でも重要な視点

まず IADL ですが、項目は３つ。**「調理」「洗濯」「掃除」**です。

日常生活水準を維持するうえでは、もっと多くの IADL が要される（例．電話をかける、買い物に行くなど）と考えるかもしれませんが、ここでは生活水準を維持するうえで最低限必要となるものを取り上げています。たとえば、調理が自分でできることで、ADL の維持・向上とも関係する**栄養改善**が期待できます。

これらの行為は、「すべて家で行なっていたこと（施設等では関係ない）」と思われがちですが、そんなことはありません。

施設や居住系サービスであっても、本人が「自分でできること」を尊重する中で、調理や洗濯、掃除を職員と一緒に行なうことも大切な支援です。通所系でも「できること」はあるでしょう。

そうしたケアの中で「本人のできること」を増やしていけば、介護記録の中で評価できる IADL は広がります。その結果を活かしながら、さらに自立支援の幅を広げることもできるわけです。

### ▶起居動作の評価は介護職のプロ意識を育てる

もう一つの起居動作ですが、こちらは「寝返り」「起き上がり」「座位」「立ち上がり」「立位」について、「自立」「見守り」「一部介助」「全介助」で評価するものです。これらを評価するうえで忘れてならないのは、重度の人でも「できることがある」という視点を養う

ことです。たとえば「昼夜を通して寝たきりの状態」であっても、自分で「寝返りをうてる」のであれば、それは「その先の自立」に向けた可能性が広がっていることを意味します。

試しに、自分でベッドに寝ていて、そこから起き上がってみてください。仰向けに寝ている人は、いったん横向き寝返りをうって起き上がるケースも多いでしょう。つまり、寝返りがうてれば、さらなる筋力の強化などを通じて、「自力で起き上がる」→「座位を保つ」→「立ち上がる」という地点まで期待できるわけです。

このように、起居動作をきちんと見ることは、自立支援・重度化防止に向けた「基本」と位置づけられます。この部分の記録のとり方を鍛えることで、自立支援の専門職として「何を行なうべきか」を見つけ出す道筋が築かれます。

自身のプロの介護職としてのスキルアップを果たすうえでも、起居動作への注目は欠かせないポイントと考えてください。



## IADLおよび起居動作にかかる介護記録について「まとめ」

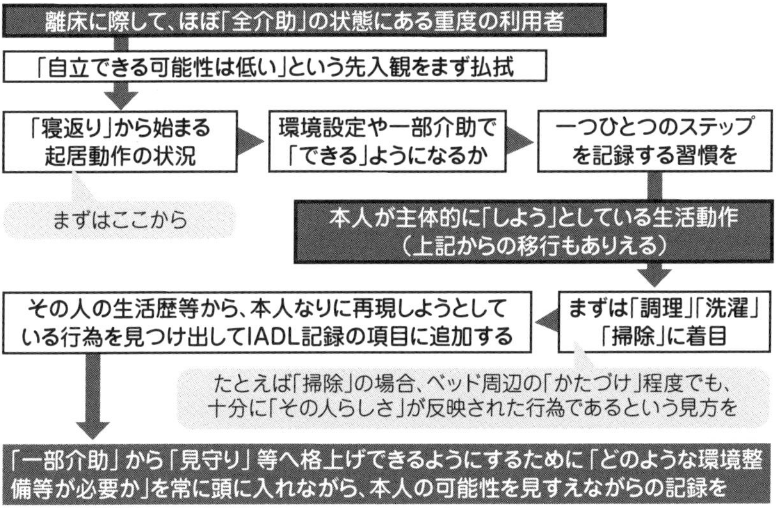

離床に際して、ほぼ「全介助」の状態にある重度の利用者

↓

「自立できる可能性は低い」という先入観をまず払拭

↓

「寝返り」から始まる起居動作の状況 → 環境設定や一部介助で「できる」ようになるか → 一つひとつのステップを記録する習慣を

まずはここから

↓

本人が主体的に「しよう」としている生活動作（上記からの移行もありえる）

↓

まずは「調理」「洗濯」「掃除」に着目 → その人の生活歴等から、本人なりに再現しようとしている行為を見つけ出してIADL記録の項目に追加する

たとえば「掃除」の場合、ベッド周辺の「かたづけ」程度でも、十分に「その人らしさ」が反映された行為であるという見方を

↓

「一部介助」から「見守り」等へ格上げできるようにするために「どのような環境整備等が必要か」を常に頭に入れながら、本人の可能性を見すえながらの記録を

# 「興味・関心チェックシート」と介護記録

LIFE提供は任意だが、利用者のことを知るうえで超重要

介護職の重要な職責の一つは、利用者の「こうありたい」という思いを理解し、それに寄り添いながら意欲を引き出すことです。

その人なりの意欲が高まらなければ、機能訓練などへの主体的な参加も望めません。その人自身が「前向き」に取り組めるかどうかは、機能訓練などの効果を大きく左右します。

では、利用者の意欲を引き出すには何が必要でしょうか。「入口」となるのは、先に述べた**「こうありたい」を理解すること**。つまり、その人がどんなことに興味・関心を持っているかを知ることです。

## ▶記録の作成前にシート内容を頭に入れる

この利用者の「興味・関心」を知るうえで、役立つツールの一つが**「興味・関心チェックシート」**です。

これは、地域ケア会議などの事例検討で用いられるシートですが、個別機能訓練加算の算定においても活用されるものです。

区分Ⅱでの「LIFEへの情報提供」では任意情報となっていますが、先に述べたように「利用者の意欲の方向性」を知るという点で、介護現場にとって大切なツールといえます。

介護記録の作成に際しても、「興味・関心チェックシート」の項目と実際のチェック内容を頭に入れておくことが欠かせません。

たとえば、その人が関心を持っていることが把握できていれば、それをきっかけとしてコミュニケーションを円滑にとることもできるでしょう。そのうえで、「関心があるはずなのに、反応が乏しい」となれば、その点に着目して記録に残すことで、そこで生じている

## 「興味・関心チェックシート」の内容と押さえるべきポイント

| 生活行為 | している | してみたい | 興味がある | 生活行為 | している | してみたい | 興味がある |
|---|---|---|---|---|---|---|---|
| 自分でトイレへ行く | | | | 生涯学習・歴史 | | | |
| 一人でお風呂に入る | | | | 読書 | | | |
| 自分で服を着る | | | | 俳句 | | | |
| 自分で食べる | | | | 書道・習字 | | | |
| 歯磨きをする | | | | 絵を描く・絵手紙 | | | |
| 身だしなみを整える | | | | パソコン・ワープロ | | | |
| 好きなときに眠る | | | | 写真 | | | |
| 掃除・整理整頓 | | | | 映画・観劇・演奏会 | | | |
| 料理を作る | | | | お茶・お花 | | | |
| 買い物 | | | | 歌を歌う・カラオケ | | | |
| 家や庭の手入れ・世話 | | | | 音楽を聴く・楽器演奏 | | | |
| 洗濯・洗濯物たたみ | | | | 将棋・囲碁・麻雀・ゲーム等 | | | |
| 自転車・車の運転 | | | | | | | |
| 電車・バスでの外出 | | | | 体操・運動 | | | |
| 孫・子供の世話 | | | | 散歩 | | | |
| 動物の世話 | | | | ゴルフ・グラウンドゴルフ・水泳・テニスなどのスポーツ | | | |
| 友達とおしゃべり・遊ぶ | | | | | | | |
| 家族・親戚との団らん | | | | ダンス・踊り | | | |
| デート・異性との交流 | | | | 野球・相撲等観戦 | | | |
| 居酒屋に行く | | | | 競馬・競輪・競艇・パチンコ | | | |
| ボランティア | | | | 編み物 | | | |
| 地域活動（町内会・老人クラブ） | | | | 針仕事 | | | |
| | | | | 畑仕事 | | | |
| お参り・宗教活動 | | | | 賃金を伴う仕事 | | | |
| その他（ ） | | | | 旅行・温泉 | | | |
| その他（ ） | | | | その他（　　　　） | | | |

基本的な生活行為について「できるようになりたい」という思い

家庭内での「役割」を果たすことや、生活に必要な「移動」手段の確保に対する思い

身近な人とのコミュニケーションや、社会参加に対する思い

趣味活動や、自身の教養を高めることに対する思い

趣味活動の中でも、特に体を動かしたり鍛えたりすることへの思い

ギャンブル等の娯楽も、その人には大きな生きがいであることも

リスト上にはない「その人なりのこだわり」が発見できた場合には、その他として追加していく

課題（利用者の意欲を低下させる何か――認知症の進行や心身の状態、環境の変化など）に、早期に気づくことができます。

あるいは、本人との関係性が築けていくと、今まで表に出なかった訴えなどが生じることがあります。そのタイミングで「興味・関心チェックシート」を用いることで、事前情報では得られなかった意欲の方向性がつかめることもあります。

これを記録してチーム内で共有すれば、ケアの手法を見直しつつ、本人の主体性をさらに引き出すことも可能になります。自立支援に向けたケアの向上を図ることにもつながるわけです。

### ▶基本的な生活行為から趣味活動まで

この「興味・関心チェックシート」の内容ですが、46 項目の生活行為（これ以外に「その他」として追記することも可能）について、それぞれに「している」「してみたい」「興味がある」の欄があり、該当するものをチェックしていくという具合です。

「自分でトイレに行く」「一人でお風呂に入る」といった基本的な日常生活行為に始まり、「料理を作る」「洗濯・洗濯物たたみ」「孫・子どもの世話」といった、その人なりの家庭内での役割なども上がっています。本人の尊厳のあり処を探るうえでも、重要な情報です。

さらには、さまざまな趣味（読書、映画・観劇・演奏会など）の他、ギャンブルや飲酒にかかわるものもあります。

### ▶価値観の多様性を尊重することも重要

これらの項目の中には、従事者側の価値観とバッティングするもの（上記のギャンブルなど）もあるかもしれません。「デート・異性との交流」といった項目について、「いい年をして」という思いがつい出てしまうケースもあるでしょう。

しかし、人の価値観・生活歴というは多様であり、（極度に反社会的でない限り）**その多様性を尊重し、偏見・先入観に縛られない**ことも、支援者としての基本スタンスととらえるべきでしょう。

一方で、本人にとっては、「他人に明かす」ことにデリケートになることもあります。その点を考慮すれば、シートを手に一つひとつヒアリングするというのではなく、日常的なやり取りの積み重ねの中でチェックするなど、相手の心情に配慮することが必要です。

たとえば、その人の日々の訴えなどに耳を傾けつつ、**記録を通じて「その人らしい姿」を描いていく中で**、自然にシートが完成されていく――という流れが望ましいでしょう。

逆に言えば、このシートがあることで、相手の言葉に注意を寄せるきっかけとなります。その点で、従事者の傾聴力を高めるためのツールと位置づけることもできます。

## 「興味・関心チェックシート」を活用して「課題発見」につながる介護記録を

Ⅰ.「興味・関心チェックシート」における各生活行為の一覧を頭に入れておく

↓

Ⅱ. 日々の利用者の何気ない言葉・動作に接する中でシートの一覧に引っかかる内容があれば、その部分への注意力が高まる

何となく「聞き流してしまう」ことを防げる

↓

Ⅲ. 利用者とのコミュニケーションの「きっかけ」がつかみやすくなる。その人への関心が高まることで、利用者理解が進

↓

Ⅳ. 介護記録において「その人らしさ」を描くコツがつかめる。介護記録の質が高まることで、課題発見のスキルも上がる

# 3-8 「自立支援促進加算」の支援実績と介護記録

## 自分たちが「しているケア」の振り返りで着目すべきこと

2021年度改定で、施設系サービスに適用された新加算が「自立支援促進加算」です。これは、①医師による利用者への定期的な（少なくとも6か月に1回）医学的評価を行ないつつ、②多職種協働で自立支援のための個別計画を作成し、③②の計画に沿ったケアを行なっている場合に算定されます。

原則として、利用者全員に1人あたり月300単位が加算されます。施設系サービスには、大きな収益となります。

ただし、起居動作にはじまる自立支援に向けて、本人の尊厳保持にも配慮しつつ、利用者一人ひとりの生活の流れの中で「行なうべきケア」の内容が細かく規定されています。単に個別のリハビリや機能訓練を行なえばいい、という話ではないわけです。

その点で、職員の力量の底上げやチーム編成のあり方など、施設の総合力が問われる「ハードルの高い加算」といえます。

### ▶「計画」が目指すケアが実践できているか

この自立支援促進加算も、LIFEへの情報提供とフィードバック情報の活用などが要件となっています。

その様式は、大きく分けて3段階で構成されています。❶利用者の現状に関する評価、❷支援実績、❸支援計画という具合です。このうち、❶と❷がLIFEへの提供が必須とされています。

❶については、利用者の起居動作やADL、そして医師による医学的観点からの評価・留意事項などが対象となります。現場職員が評価する部分については、これまでふれてきた通りです。

## 「支援実績」の項目と記録作成に際してのポイント（その1）

### ●離床・基本動作（いわゆる「起居動作」）

・離床
□あり　□なし
1日あたり（　　）時間

・座位保持
□あり　□なし
1日あたり（　　）時間
（内訳）
ベッド上（　　）時間
車椅子（　　）時間
普通の椅子（　　）時間
その他（　　）時間

・立ち上がり
□あり　□なし
1日あたり（　　）時間

関連する介護記録では、「あり・なし」や「時間」と同時に、その時に利用者の訴えがどうなっているか（きつさやつらさ、希望していない旨などの訴えがないかどうか）をきちんと記すことが必要

座位保持に際して、「どのような器具・備品等の導入」があれば、利用者の「できそうだ」という前向きさが高まるのか——そうした環境面の課題にも着目したい

**point**　環境づくりへの取組み姿勢のチェックにもなる

### ●ADL動作

・食事
（自立・見守り・一部介助・全介助）
□居室外（普通の椅子）
□居室外（車椅子）
□ベッドサイド
□ベッド上　□その他
食事時間や嗜好への対応
□有　□無

・排せつ（日中）
（自立・見守り・一部介助・全介助）
□居室外のトイレ
□居室内のトイレ
□ポータブル
□おむつ　□その他
個人の排泄リズムへの対応
□有　□無

・排泄（夜間）
（自立・見守り・一部介助・全介助）
□居室外のトイレ
□居室内のトイレ
□ポータブル
□おむつ　□その他
個人の排泄リズムへの対応
□有　□無

・入浴
（自立・見守り・一部介助・全介助）
□大浴槽　□個人浴槽
□機械浴槽　□清拭
1週間あたり（　　）回
マンツーマン入浴ケア
□有　□無

自宅でおくっていた生活（たとえば、食事に際して、車いすではなく普通の椅子に座り、家族と一緒に食卓で…など）を頭に入れながら、「そうした姿に近づけられるためのケアが実践できているかどうか」という視点で評価することが重要

**point**　利用者の「していた生活」への理解力チェックにもなる

ここでは、特に❷に着目しつつ、現場での介護記録へとどのように反映させていけばいいかを取り上げましょう。

❷の「支援実績」ですが、❸の計画にもとづいて**「日々、どのようなケアが行なわれているか」という情報**を提供するものです。

❶と同様に、「日々の利用者の状況」が反映される項目ではあります。一方で、その際に「自立支援・重度化防止に向けた適切なケアが行なわれているかどうか」も同時に反映されます。

つまり、❷を記録することで、利用者の評価と同時に「自分たちが実践しているケア」の振り返り（❸の計画が目指す目標に近づけるケアになっているかどうか）も行なわれるわけです。

### ▶利用者の意思尊重・尊厳保持に着目を

具体的なシーンは４つ。「離床・基本動作」（いわゆる起居動作）、「ADL 動作」、「日々の過ごし方等」、「訓練時間」です。

これらのシーンで行なわれている支援が記されることにより、LIFE 上では「実際に行なわれているケア」と「利用者の状態像」との関連が分析されることになります。

「自立支援に向けて、どのようなケアが有効なのか」という、LIFE 本来の目的に沿ったしくみの一つと言えるでしょう。

記録に際しての留意点としては、そもそもの実践に向けた計画について、**「利用者の意思の尊重・尊厳の保持」**という点が重視されていることです（例．排せつはプライバシーに配慮したトイレを使用。多床室でのポータブルトイレの使用を前提とした支援計画は NG など――厚労省の介護報酬改定に関する留意事項より）。

記録に際しても、利用者の希望や意思が尊重されているか、尊厳が保持されているかという点への着目が問われます。

## 「支援実績」の項目と記録作成に際してのポイント（その2）

●日々の過ごし方等

・本人の希望の確認
　1月あたり（　　）回

・外出
　1週間あたり（　　）回

・居室以外（食堂・デイルームなど）などにおける滞在
　1日あたり（　　）時間

・趣味・アクティビティ・役割活動
　1週間あたり（　　）回

・職員の居室訪問
　1日あたり（　　）回

・職員との会話・声かけ
　1日あたり（　　）回

・着替えの回数
　1週間あたり（　　）回

・居場所づくりの取組
　□有　□無

利用者一人ひとりの希望や意向を把握し、尊重するための取組みが日常的に行なわれているかどうか──そうした「本人への寄り添い」に関する職員側の姿勢を評価する視点も

職員の「利用者への向き合い方」のチェックにもなる

●日々の過ごし方等

・リハビリ専門職による訓練
　□あり　□なし
　1週間あたり（　　）時間

・看護・介護職による訓練
　□あり　□なし
　1週間あたり（　　）時間

・その他職種
　□あり　□なし
　1週間あたり（　　）時間

訓練等が「当初の計画通り」に行なわれているかどうか──ではなく、それが「利用者本人にとって無理のないものなのか（きちんと本人の意向が尊重されているか）」を探ることが目的

計画そのものを評価し、見直すという
PDCAサイクル機能のチェックにもなる

# 「口腔機能」のLIFE情報と介護記録

## 利用者の口腔状況から、口腔ケアの振り返りまで

利用者の口腔機能の向上を目指した加算のうち、「LIFE 対応」を要件とした加算は２つあります。１つは、施設系サービスが対象の**「口腔衛生管理加算」のうち区分Ⅱ**。もう１つは、通所系や小規模多機能型系が対象の**「口腔機能向上加算」の区分Ⅱ**です。

### ▶施設系の口腔衛生管理加算Ⅱについて

まず、施設系の口腔衛生管理加算Ⅱ。この加算を取得するうえで、LIFE に提供する情報は、大きく３つに分けられます。

①利用者の口腔に関する問題点について。いわば、利用者の口腔状態をスクリーニング（調査）した結果について記すものです。

② ①のスクリーニング結果を受けて、口腔衛生の管理をどのように進めるか。具体的には、歯科医師の指示にもとづいて「口腔衛生管理の目標」を立て、「目標達成のためのケアの実施方法や頻度」を記します。アセスメントとプランニングにあたります。

③ ②にもとづいて、歯科衛生士が実際に行なった管理の内容、および介護職員にどのような技術的助言などが行なわれたか。②のプラン（計画）にもとづいた「支援の実績」を記すものです。

### ▶プロセスを円滑に動かすための介護記録

上記からも分かるとおり、**スクリーニング→アセスメント→プランニング→実績**という流れで構成されています。これによって、口腔衛生の管理のプロセスが LIFE に登録されることになります。

一方、現場の実務としては、「スクリーニング」と「実績（歯科

## 口腔ケアのプロセス評価における介護記録の考え方①

**プロセス1** スクリーニング

| 口腔衛生状態 | □歯の汚れ　□義歯の汚れ　□舌苔　□口臭 |
|---|---|
| 口腔機能の状態 | □食べこぼし　□舌の動きが悪い　□むせ<br>□痰がらみ　□口腔乾燥 |
| 歯の問題など | □う蝕　□歯の破折　□修復物脱離<br>□歯周病　□口腔粘膜の疾患の可能性　など |
| 義歯の問題 | □不適合　□破損　など |
| 歯数 | (　　)歯 |
| 加えて口腔機能向上加算では、<br>「発生・言語機能に関する疾患の可能性」を記す項目あり | |

口腔衛生管理加算および口腔機能向上加算でほぼ共通に見られる項目

上記のスクリーニング項目を頭に入れながら、
日々の食事介助・口腔ケアなどを通じて、
利用者の口腔状態の課題を見落とさないよう心がける

現場での介護記録が活きる部分①

例.「最近、Aさんの食べこぼしが多い、少々"むせ"もある」という場合、何らかの原因で口腔機能が落ちている可能性がある

状況をきちんと記録することで、歯科医師やその他の多職種による課題発見を後押しすることになる

**プロセス2** 歯科医師等によるアセスメント（管理指示）

※口腔衛生管理加算Ⅱにおける LIFE への情報提供項目より

| | |
|---|---|
| 実施目標 | □歯科疾患　(□予防、　□重症化予防) |
| | □口腔衛生　(□自立、　□介護者の口腔清掃の技術向上、<br>□専門職の定期的な口腔清掃等) |
| | □摂食・嚥下機能　(□維持、　□改善) |
| | □食形態　(□維持、　□改善) |
| | □栄養状態　(□維持、　□改善) |
| | □誤嚥性肺炎の予防 |
| | □その他 (　　　　　) |
| 実施内容 | □口腔清掃　□口腔の清掃に関する指導 |
| | □義歯の清掃　□義歯の清掃に関する指導 |
| | □摂食・嚥下等の口腔機能に関する指導 |
| | □誤嚥性肺炎の予防に関する指導 |
| | □その他 (　　　　　) |
| 実施頻度 | □月4回程度　□月2回程度　□月1回程度　□その他 (　　　　　) |

何を目指し、何を行なうのかを頭に入れながら、「実施内容」を実際に行なっている過程を介護記録に反映させる

衛生士等による助言内容含む)」を関連する記録に残しつつ、目標に近づけているかどうかをチェックすることが重要になります。

ここで注意したいのは、その時点での記録が「口腔機能の向上に向けてどのような意味を持つのか」を意識することです。

たとえば、スクリーニングであるなら、**歯科医師が指示を出しやすいよう**ポイントが整理されていることが必要です。つまり、記録そのものが、「口腔ケアのプロセスを円滑に動かす」という役割をきちんと理解しているかどうかが問われるわけです。

### ▶口腔機能向上加算Ⅱでもプロセスへの意識を

この点は、口腔機能向上加算Ⅱでも同様です。

こちらも、利用者の口腔機能のスクリーニングに始まり、アセスメント→プランニング→実施(指導含む)の状況というプロセスに沿って、LIFEへの情報提供が行なわれます。

口腔衛生管理加算Ⅱと異なるのは、それぞれの記載内容が簡易であることや歯科医師による指示が含まれないことです。

その代わり、すべてのプロセスにおいて、歯科衛生士の他、看護職職員や言語聴覚士が関与します。つまり、**多職種による評価**という点は一貫していることになります。

実際にLIFEに提出する情報をチェックしていくのは、上記の歯科衛生士等となりますが、その他の職種がノータッチでいいというわけではありません。大切なのは、「現場の口腔ケアの質」を底上げすることであり、たとえば介護職なども記録作成にたずさわりつつ、口腔機能の向上に向けた問題意識を深めることが必要です。

## 口腔ケアのプロセス評価における介護記録の考え方②

**プロセス3** 歯科衛生士等が実施した口腔機能向上に向けた内容

| サービス提供者 | □看護職員 □歯科衛生士 □言語聴覚士 |
|---|---|
| 口腔清掃、口腔清掃に関する指導 | 実施した場合にチェック |
| 摂食・嚥下等の口腔機能に関する指導 | |
| 音声・言語機能に関する指導 | |
| その他 | |

**現場での介護記録が活きる部分②**

歯科衛生士等が、「どの利用者に対して、どのようなケア（指導）を行なったのか」を把握する。そのうえで、ケアの前後における利用者の口腔状況を重点的に記録する

例. 歯科衛生士等による口腔清掃や摂食・嚥下等の機能に関する指導が行なわれた後、利用者の摂食や発語等の状況がどうなっているかをチェック。「気づいたこと（食事量が○%進んだとか、発語が聞き取りやすくなったなど）」を記録する

⬇

「変化がない（状態の改善が見られない）」場合も、その旨を記録することで、新たな課題発見につなげることができる

**プロセス2** 介護職員への技術的助言の内容

※口腔衛生管理加算Ⅱにおける LIFE への情報提供項目より

- □入所者のリスクに応じた口腔清掃等の実施
- □口腔清掃にかかる知識、技術の習得の必要性
- □食事の状態、食形態等の確認
- □現在の取組の継続
- □その他（　　　　　）

**現場での介護記録が活きる部分③**

実際に受けた「助言」内容を、業務記録等に残す

例.「具体的にどのような助言を受けたのか」「助言内容を日々のケアに反映したうえで気づいたこと、その他の課題」など

⬇

その後の全体研修やＯＪＴの計画に反映させることが望ましい

# 「栄養改善」のLIFE情報と介護記録

### 栄養状態のリスク把握を、課題分析にどう結び付けるか

口腔機能の次は、栄養改善です。この取り組みも、LIFEへの情報提供が要件となっている加算は２つあります。

１つは、施設系サービスの**「栄養マネジメント強化加算」**です。施設系の栄養関連加算については、2021年度改定で「栄養マネジメント加算」が基本報酬に組み込まれました（廃止）。最低限の栄養マネジメントを基本サービスとしたうえで、低栄養リスクのある人へのマネジメント強化を図る加算を設けたことになります。

もう１つは、通所系サービス等の**「栄養アセスメント加算」**です。もともと通所系では、栄養スクリーニングを評価した加算（2021年度改定で、口腔・栄養スクリーニング加算に改編）があります。この取り組みについて、専門職（管理栄養士）の関与等により、リスク把握をもう一歩進めたのが「栄養アセスメント加算」という位置づけです（スクリーニング加算との併算定はできません）。

#### ▶LIFEには、どのような情報が提供されるか？

LIFEに提供する情報で、両者に共通するのは大きく分けて３つ。①利用者の低栄養状態のリスク、②その利用者の食生活状況など、③多職種によって分析された栄養ケアの課題です。

この①～③に加え、施設系サービスにおいて経口維持加算Ⅰまたは Ⅱを算定している場合は、ミールラウンド（多職種による食事の状況観察）の状況などが提供情報に加わります。

まず①ですが、利用者の身長・体重およびBMI値に加え、一定期間内の体重減少率（３％以上）の有無、血清アルブミン値など、

## 栄養改善の関連加算における LIFE提供の情報と介護記録のポイント①

### ●多職種が分析した栄養ケアの課題（低栄養関連問題）

| 項目 | 備考 |
|---|---|
| 身長・体重 | BMI値はLIFE画面上で自動計算 |
| ３％以上の体重減少率 | 1、3、6か月で測定 |
| 血清アルブミン地 | 後期高齢者医療健診データ活用も |
| 褥瘡 | 持続する発赤（b1）以上 |
| 栄養補給法 | 「経口のみ」「一部経口」「経腸栄養法」「静脈栄養法」 |

### ●利用者の「食生活」の状況など

| 項目 | 備考 |
|---|---|
| 食事摂取量 | 「全体」の他、「主食」「主菜・副菜」「その他補助食品など」について、それぞれ接種割合を（%で）記す |
| 栄養量（現体重あたりのエネルギー・タンパク質） | ①「必要栄養量」に対して<br>②「提供栄養量」<br>③実際の「摂取栄養量」<br>**※管理栄養士が計算** |
| 嚥下調整食の必要性 | 「あり」「なし」で入力 |
| 食事の形態 | 日本摂食・嚥下リハビリテーション学会・嚥下調整食分類2013の基準表にもとづいてコードで記入<br>**※管理栄養士・ST等が記入** |
| とろみ | 「薄い」「中間」「濃い」で入力 |
| 食事の留意事項の有無 | 療養食の指示、食事形態、嗜好、薬剤影響食品、アレルギーなど |
| ●直近3日間について | ●直近3日間についての以下の状況 |
| 本人の意欲 | 「よい」「まあよい」「ふつう」「あまりよくない」「よくない」から選択 |
| 食欲・食事の満足感 | 「大いにある」「ややある」「ふつう」 |
| 食事に対する意識 | 「ややない」「まったくない」から選択 |

**介護記録**

**定期に測定値を記録する他、「見た目の体格変化」などを記録して、看護職等に報告も**

**入浴・着替え介助等での「気づき」を記録して報告**

**食事介助に際しての「観察ポイント」とする。利用者の食事状態を客観的に観察する目を養う効果も**

**「必要栄養量」と実際の食事量の関係の目安について、管理栄養士から助言を受けておきたい**

**「何となく」ではなく、本人の訴えや反応など、できるだけ客観的な状況を「根拠」とする習慣をもちたい**

利用者の栄養状態を把握するためのデータです。

②は、食事や栄養の摂取量、食の形態、留意事項など、利用者が摂っている食事についての状況を記します。注目したいのは、ここに利用者の**食事に対する意欲や満足感の状況**も加わることです。

③は、利用者の栄養改善を「妨げている」と分析された課題を記します。口腔機能の状態の他、消化器官の問題や認知症の影響など、多職種による幅広い視点からの分析が反映されます。

**▶介護記録では、３つのポイントを押さえたい**

これらの情報の中には、管理栄養士によって把握・測定されるものが少なくありません（栄養の提供量など）。では、現場で作成する介護記録がかかわってくる部分はどこでしょうか。

身長・体重（そこから得られるBMI値や体重減少率など）の測定結果の他で、特に介護職が意識したいのは**「利用者の食事時の状況」**です。ポイントとなるのは、以下の３つです。

１つは、摂取栄養量を計算するうえで必要となる「食事摂取量」。どれくらい食べているかについて、「主菜・副菜での接種割合（%）」で把握します。こうした客観的な数値を意識することは、科学的介護を進めるうえで欠かせない習慣と意識してください。

２つめは、先の②の中の「食事に対する意欲や満足感」など、利用者の主観に関する情報です。「主観」とはいっても、利用者の訴えや反応などから何が得られるかという根拠を大切にしましょう。

３つめは、③にかかわる課題として、「介護職として気づいたこと」です。直接、食事介助にあたる介護職だからこそ「気づけること」があり、それが他職種の判断にとっても重要な情報となります。

## 栄養改善の関連加算における LIFE提供の情報と介護記録のポイント②

### ●多職種が分析した栄養ケアの課題（低栄養関連問題）

| 項目 | 備考 |
|---|---|
| **◆口腔関係** | |
| 安定した正しい姿勢が自分でとれない | 体幹等の筋力の他、視力低下、あるいは椅子等の環境要因にも注意 |
| 食事に集中することができない | 認知症などとの関連にも注意。「食べること」に意識が集中していないと、誤嚥リスクも高まる |
| 食事中に傾眠や意識混濁がある | |
| 歯（義歯）のない状態で食事をしている | 義歯を取り外してしまうなどの場合、義歯が合っていない場合も |
| 食べ物を口腔内にためこむ | 飲み込みがうまくできていない可能性。認知症との関連にも注意 |
| 食後、頬の内側や口腔内に残渣がある | 残渣の観察を怠ると、誤嚥性肺炎のリスクが一気に高まる |
| 固型の食べ物を咀しゃく中にむせる | 「むせ」については、「何を食べた（あるいは飲んだ）時」か、あるいは「どんな場面で生じる」かなど、状況を細かく観察することが必要 |
| 水分でむせる | |
| 食事中、食後にむせることがある | |
| その他、気が付いた点 | 「いつもと違う状況」に注意。脳梗塞などの早期発見にもつながる |
| **◆その他** | |
| 褥瘡・生活機能関係 | 褥瘡、および生活機能の低下の有無 |
| 消化器官関係 | 嘔気・嘔吐、下痢、便秘の有無 |
| 水分関係 | 浮腫、脱水の有無 |
| 代謝関係 | 感染、発熱の有無 |
| 心理・精神・認知症関係 | 閉じこもり、うつ、認知症の有無 |
| 医薬品 | 薬の影響の有無 |

**介護記録**

➡ 食事中の利用者の全体像について記録。少し離れた位置から利用者の「食事動作」を見ることがポイント

➡ 食事中・後の水分補給の機会などを利用して、口の中の様子を観察

➡ 本人が「むせる」とつい緊張してしまうものだが、「どんな時にむせたか」というシチュエーションを見落とさないように

➡ 医療系の多職種の評価を必要とするが、「現場で気づくこと」が問題の発見につながることもあるという点で、各項目を頭に入れておきたい

コラム

## 2024年度改定で、LIFE活用はどこまで進む？

対象となる加算やサービスなどが一気に進む可能性も

**管理者E**　科学的介護推進体制加算を算定するようになって、もう1年半か…。LIFEの登録項目に沿った記録作成には慣れたかな？

**従事者F**　科学的介護推進体制加算の項目は、ごく基本的なものばかりなので、思ったほど記録には手間取っていません。

**管理者E**　それは心強い。間もなく、LIFE対応が要件となっている個別機能訓練加算Ⅱの算定も予定しているので心得ておいてほしいな。

**従事者F**　ご利用者の起居動作やIADL項目の入力も必要になるんですよね。これからもLIFE対応加算の算定は増えていく予定ですか？

**管理者E**　現場の意見も聞きながら考えるつもりだ。それより、2024年度には、LIFE対応の対象加算そのものがもっと増えるかもしれない。

**従事者F**　どこまで増えていくんでしょうか？

### ◎ケアマネジャーとのLIFE情報共有も

**管理者E**　たとえば、今は主に施設系だけが算定対象となっている自立支援促進加算が、通所系などにも広がるかもしれない。また、認知症加算などの要件が見直され、利用者のBPSDの変化などについて、LIFEへの情報提供が必要になるかもしれないな。

**従事者F**　現場の記録が「LIFE対応」一色になりそうですね。

**管理者E**　LIFE対応加算の対象サービスも広がる可能性が高い。たとえば、訪問系サービスや居宅介護支援などについては、すでにLIFE活用のモデル事業なども行われているよ。

**従事者F**　居宅介護支援もですか!?　そうなると、ケアマネさんとのやり取りでもLIFE情報の活用が当たり前になりそうですね。

**管理者E**　事業所内だけでなく、多事業所との間でどのようにLIFE情報を（フィードバック票含む）共有するか、今からすり合わせることも必要になりそうだね。

# 第4章

# 現場で必要な介護記録の書き方・14のポイント

# 4-1 初期段階での介護記録について

たとえば、サービス提供開始からの道筋を追って…

ここまで、LIFEに提供する情報との関連で、現場でどのような介護記録が作成されるべきなのかを追ってきました。

その流れを、「実際のケース」に沿って再確認してみましょう。

たとえば、ある利用者に対して、新規でサービス提供が行なわれるとします。初期段階では、どのような記録（および、それに関連する実務）が必要になるのでしょうか。

### ▶サービス開始前までのプロセスを記録する

新規でのサービス利用者をAさんとします。

①まず現場では、Aさんに関する**事前情報**を入手します。医療機関や担当ケアマネジャーなどから、さまざまな情報が集まります。

②これに加え、事業所独自で本人や家族と面談し、Aさんの生活に関する課題を**分析（アセスメント）**します。

③そのうえで、居宅の場合ならサービス担当者会議、施設・居住系ならカンファレンスを経て**ケア計画**を立案します。

現場の実務としては、①と②の情報を整理し、③で情報を共有しながら、最初のケア計画の作成につなげることになるでしょう。

ここでの介護記録の役割は、こうした**一連のプロセス**を記すことです。プロセスを記録することで、収集すべき情報の抜け落ちがないかどうかをチェックする機能が働くことになります。

### ▶サービス開始時にかかる本人への負荷に注意

さて、Aさんのサービス利用が始まりました。

## サービス開始前からの実務の流れと介護記録の位置づけ

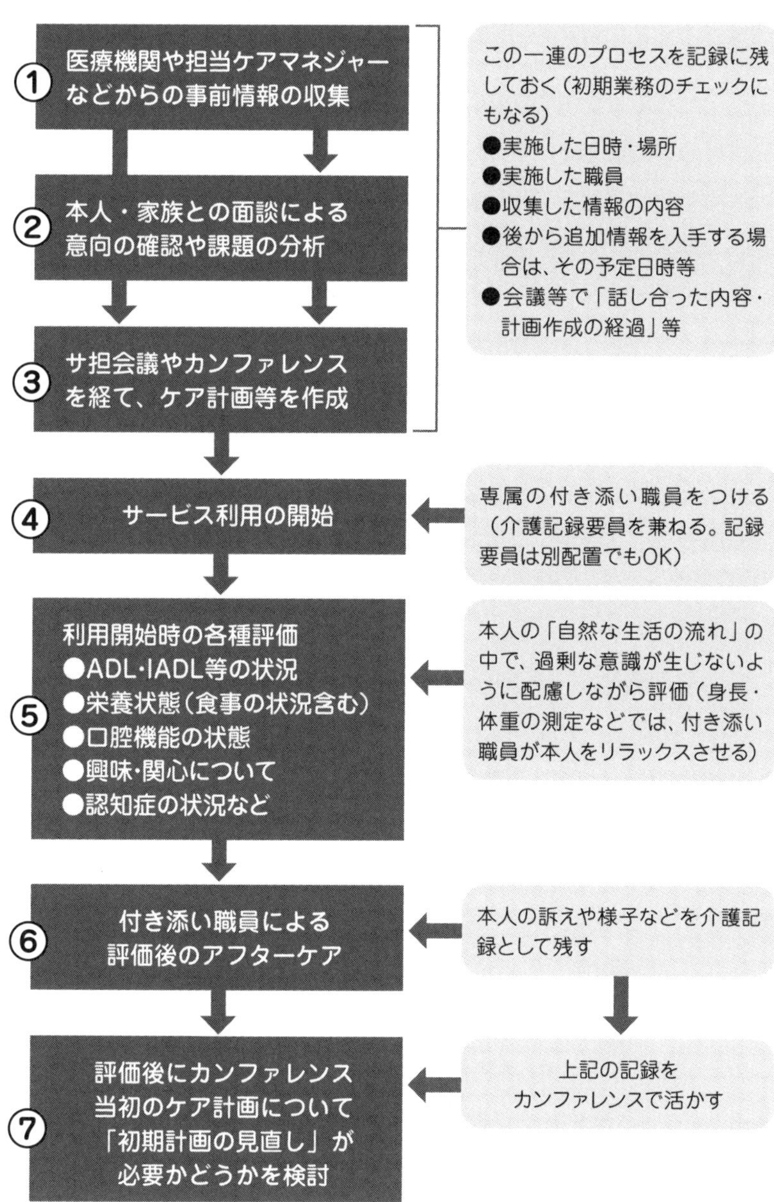

LIFE対応の加算の多くは、サービスの利用開始時に、定められた指標にもとづいてAさんの状態像などの評価を求めています。

これらについては、LIFE以前から現場での介護記録の一環として行なわれていたものもあるでしょう。あるいは、看護・リハビリ・栄養等の専門職などが手がけていた項目もあるかもしれません。

注意したいのは、これらをスタート時にいっせいに行なうことにより、Aさんの心身に少なからぬ負荷をかけてしまうことです。

そもそも、本人は**サービスが導入される生活リズム**に慣れていないわけですから、その状況への配慮が足りないと「疲労」などから「その後のサービス利用の拒否」などにつながりかねません。認知症のある人ならBPSDの悪化にもつながる恐れがあります。

そこで必要になるのは、Aさんの緊張感をほぐしたり、場に慣れてもらうことの支援にかかわる**「付き添い職員」**の存在です。この職員がAさんとの関係を築きつつ（あるいは、他の利用者との関係を取り持ったりしつつ）、本人の生活リズムや心情を考慮しながら、各専門職等による評価機会をコーディネートしていきます。

**▶できる限り、「自然な動作の流れ」のうえで**

ここで、現場の介護記録上で評価を行なう項目については、この付き添い職員が「Aさんとの自然なやり取り・聞き取り」の中で随時チェックするというのが理想でしょう。

Aさん側から見て、「自分の状態についてチェックされている」という意識が過剰にならないような雰囲気づくりも大切です。

たとえば、ADLの測定についても、Aさんの自然の動作の流れを通じて、随時チェックしていきます。仮に、その日にすべて評価できない（例. その日は入浴していないなど）という場合は、普段の状況などを聞き取りながら行なうことも可能です（「LIFEの利活用の手引き」の「ADL の評価方法」より）。

### ▶初期評価終了後の「本人の様子」を記録

ここで、特に介護記録の役割として重要なのは、利用開始時のさまざまな評価を終了した後の「A さんの様子」です。

先の付き添い職員との関係が一定程度できていれば、さまざまな訴え（今日は疲れた、早く寝たい。食事がおいしかった、など）が出てくることもあるでしょう。これらをきちんと記し、いわゆる評価後のアフターケアに活かすことが必要です。

いずれにせよ、サービスの利用開始時は、本人の気持ちや体調は揺らぎやすく、その後のケアを円滑に進めるうえでも慎重な対処が求められます。この初期の付き添い職員については、図で示すようなしくみをしっかり整えておくことが欠かせません。

## サービス提供開始時の評価に際しての「付き添い」について

付き添い専属の職員を選抜
※入職3年以上の介護福祉士、および
認知症介護実践者研修等の修了者が望ましい

初期加算等に
応じた手当を

上記職員の事前研修
●担当利用者にかかる情報
●生活の流れの中での
観察重点ポイントについて、等

上記職員のための
事前のマニュアル作成
●本人のさまざまな日常生活行動
に、どのように付き添うか、等

例. トイレ・入浴介助→家族以外の人に介助してもらうのが
初めてというケースで、どのように本人の尊厳に配慮するか
本人の緊張の高まりを、どこで見極めるか
→周囲と視線を合わせない、無意識に防御姿勢をとるなど
その際に、どのような言葉がけ、ボディタッチ等が有効か
→本人の生活歴などとの兼ね合いにも注意

# 4-2 現場で必要な介護記録①<br>ADL状況（その1）

本人の生活の流れに沿って。備考欄での気づきの記載も。

利用者のADLについては、第3章の56ページなどで「Barthel Index」にもとづいた評価項目を取り上げました。では、現場での自由書式等の介護記録はどのように記せばいいのでしょうか。

**▶本人情報の事前確認から準備動作まで**

介護職員は、利用者の「生活の流れ」に沿って、日々のケアを行なっています。その際に、以下のような手順が想定されます。

①その人の事前のADL評価と支援計画・留意事項を確認しておきます。手持ちの端末等で､そのつど確認する方法もあるでしょう。

②その時々の生活行為（「その人なりの生活サイクル」などにもとづく）において、①に沿った動作介助などを行ないます。

③その際、その人が主体的にアクションを起こすためのきっかけ（向き合う、言葉をかける、ボディタッチなどを行なうなど）を意識します。このあたりも、①の計画などで事前に職員間で共有されていることが必要です。

なお、介助が前提となる場合でも、本人が「介助を受けようとする」ための準備動作というものがあります。

**▶「ちょっと違う」が、介護記録の出番**

④事前の留意事項を頭に入れつつ､実際に動作介助を行ないます。

⑤ここで、事前の情報や計画と「ちょっと違うな」と思うシーンがあるかもしれません。たとえば、「これまでは自分でできていた部分でも介助を要する」というケース、逆に「介助はするものの、

## 現場での生活動作の介助と、介護記録の流れ

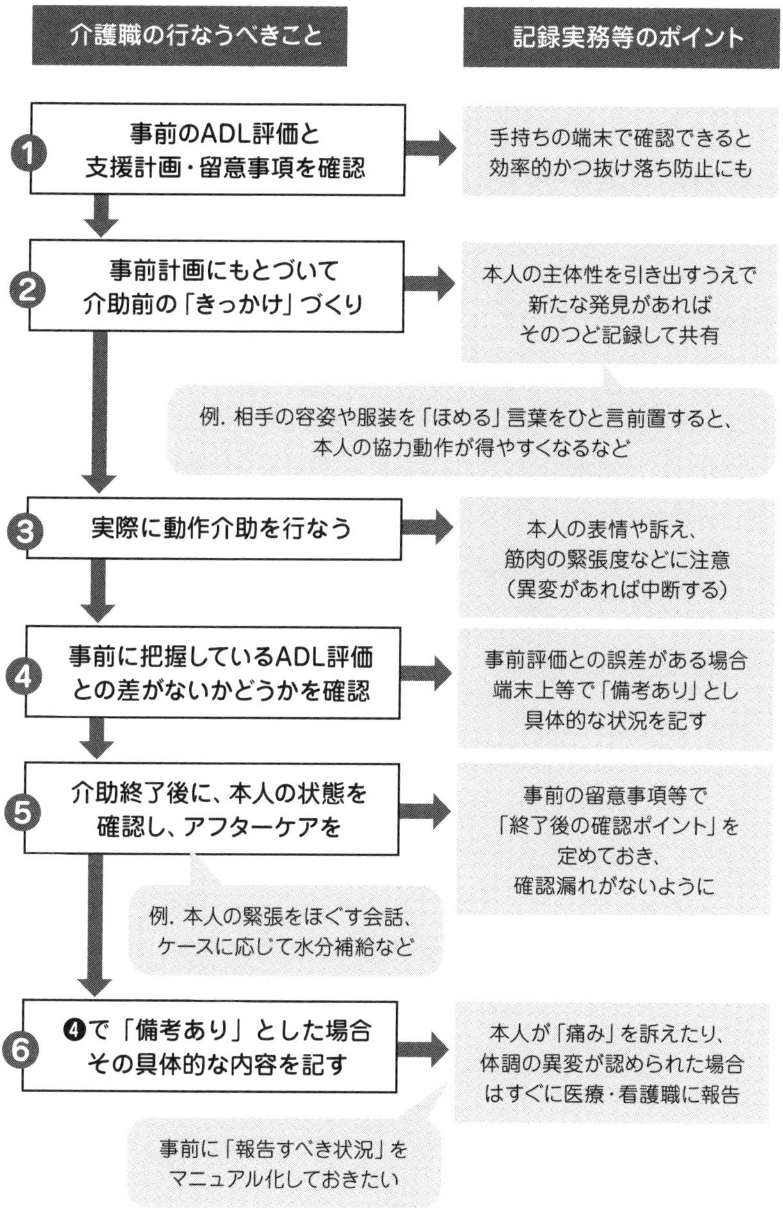

| 介護職の行なうべきこと | 記録実務等のポイント |
| --- | --- |
| ❶ 事前のADL評価と支援計画・留意事項を確認 | 手持ちの端末で確認できると効率的かつ抜け落ち防止にも |
| ❷ 事前計画にもとづいて介助前の「きっかけ」づくり | 本人の主体性を引き出すうえで新たな発見があればそのつど記録して共有 |
| 例. 相手の容姿や服装を「ほめる」言葉をひと言前置すると、本人の協力動作が得やすくなるなど | |
| ❸ 実際に動作介助を行なう | 本人の表情や訴え、筋肉の緊張度などに注意（異変があれば中断する） |
| ❹ 事前に把握しているADL評価との差がないかどうかを確認 | 事前評価との誤差がある場合端末上等で「備考あり」とし具体的な状況を記す |
| ❺ 介助終了後に、本人の状態を確認し、アフターケアを | 事前の留意事項等で「終了後の確認ポイント」を定めておき、確認漏れがないように |
| 例. 本人の緊張をほぐす会話、ケースに応じて水分補給など | |
| ❻ ❹で「備考あり」とした場合その具体的な内容を記す | 本人が「痛み」を訴えたり、体調の異変が認められた場合はすぐに医療・看護職に報告 |
| 事前に「報告すべき状況」をマニュアル化しておきたい | |

主体的に『自分でしよう』とする動きが見られる」などです。

⑥介助後に、端末等で「その時のADL状況」をチェックしていきますが、ポイントは⑤のような状況があった場合です。この「気づき」のタイミングこそが、介護記録の出番です。

### ▶備考欄の記載を速やかに共有すること

たとえば、端末等で「備考あり」としつつ、そのまま備考欄に書き込む方法もあるでしょう。あるいは、その部分だけペーパー上で介護記録として記載するというやり方もあります。

いずれにしても大切なのは、その「備考の記載」を、その他のデジタルデータ等と同様に現場で速やかに共有することです。

たとえば、事前では自立していた状況が「介助あり」となった場合、利用者の心身に何かしらの異変が生じている可能性もあります（例. 痛み等で可動域が狭くなっているなど）。この状況を現場で共有し、早期対処に結びつけること（医療·看護職に相談するなど）が、利用者の重度化などを防ぐことにつながります。

### ▶アクティブになっている状況にもリスクが

この速やかな共有は、本人の**「自分でしようとしている範囲」が広がっている場合**でも同様です。その人がアクティブになっていること自体は望ましいことですが、そのために「介助なしで行なう」という状況が生じると、これも事故などにつながりかねません。

また、利用者の認知症が進むと、「自身の動作に対して介助が必要」という見当識が衰えてしまう場合もあります。その場合、職員による介助を待たずに「自分で動作を起こす」ことも起こりえます。

つまり、「自分でしようとしている」という状況については、認知症との兼ね合いにも注意が必要になるわけです。

### ▶「備考欄」記載で注意したい２つのポイント

こうしたケースでの介護記録の「備考欄」記載については、以下のような点に注意しましょう。

１つは、具体的な**「事実」の記載**にこだわることです。「〜と思った」「〜のように感じた」では、情報として意味をなしません。

「事実」ということで言うなら、たとえば「本人の言葉（例．痛い、厳しいなど）」「本人の動作（例．自立のはずなのに、職員の腕をつかむなど）」などがポイントとなります。

もう１つは、**「周囲の状況」**です。環境に変化が生じていたり（例．照明が切れていたなど）、特別な状況があったり（例．それまで本人が傾眠状態であった）などは、その時の利用者の動作にも大きな影響を与えます。広い視野で、その場の状況確認が求められます。

「備考欄」への記載に際して心得たいこと

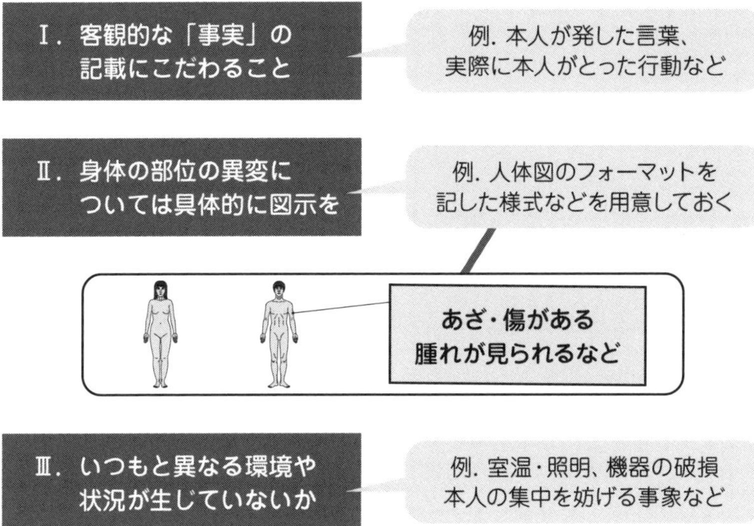

# 現場で必要な介護記録②<br>ADL状況（その2）

起居動作や移乗、歩行などの基本的な動作にかかる記録

前項で、利用者のADL全般に関する記録実務のポイントについて述べました。ここでは、より具体的なADL動作の中から、さまざまな生活の中で共通するものを取り上げます。

具体的には、①寝返りや起き上がり、座位・立位などの起居動作、②移乗に関する動作、③移動・昇降などに関する動作です。

これらの項目について、利用者の状態への着眼点や、備考欄への特記事項などが生じた場合の記載について取り上げます。

## ▶時間経過や安定性、力のかかり方に注意

①〜③に共通することですが、ポイントは「自立できているか否か」だけではなく、**その時間経過や安定の度合い**です。

たとえば、「起き上がり」に際して「自立」であっても、どれだけ時間がかかっているかによって評価は変わってきます。「座位・立位」の保持についても、「安定した姿勢」を保てる時間の長さに注意しましょう。

また、「一部介助」「全介助」である場合、同じ評価でも「介助者への力のかかり方」に注意することが必要です。

たとえば、「移乗」に際して介助を行なう場合、タイミングよく声をかけることで利用者の「協力動作」が得られれば、大きな力をかけなくても動作を完成させることが可能です。

ところが、利用者側の心身の状態に（わずかでも）異変が生じていると、「いつも通りの協力動作」が得られないこともあります。

一例として、膝や腰にわずかでも痛みがあれば、その部分をかば

## 「起居動作」にかかる介護記録のポイント

以下の5項目について「自立・見守り・一部介助・全介助」を
チェックした後に、特に「気にしたいポイント」について

**Ⅰ．寝返り**

自身で「寝返り」をうつ際の「手順」に変化はないか。「時間がいつもよりかかっている」等の状況はないか、など

**備考欄等への記載例**

（見守り→一部介助へ変化）右側臥から左側臥への寝返りの際、前回まで左手で右腕をつかんでいたが、今回はつかんでおらず、仰臥せで止まってしまう。

**Ⅱ．起き上がり**

「起き上がり」をうながす声かけへの反応は？　起き上がるまでの手順（ベッド柵のつかみ方など）に変化はないかなど

**備考欄等への記載例**

（見守りのまま）離床をうながす声をおかけしましたが、ご本人は目を開けておられたにもかかわらず30秒ほど反応がなく、2回目のお声がけが必要でした。

**Ⅲ．座位・立位**

保持の安定に変化はないか？ ベッド柵や垂直型手すりなどを握る際の動作や安定性などに変化はないか？

**備考欄等への記載例**

（見守り→一部介助）ベッド上で座位を保たれる際に、ベッド柵をうまく握れずに身体が揺らいだため、支えたうえで改めてベッド柵を握ってもらいました。

**Ⅳ．立ち上がり**

「怖さ」を訴える言葉や筋肉の緊張などが生じていないか。基底面内での体重移動はスムーズにできているかなど

**備考欄等への記載例**

（一部介助→全介助）座位からの「上半身を前に倒す動作」が浅いために、立ち上がることができず、前方から身体を支えて立っていただきました。

立ち上がり動作の際は、基底面（足がついている部分を中心とした身体を支える面）への身体の中心部分の体重移動（座位から上半身を倒すなど）が必要

おうとして力の入り方が変わったり、筋肉の緊張が生じることもあります。これに気づいて、本人から状態の聞き取りをしつつ、医師や看護師に報告することで、患部の悪化を防ぐこともできます。

### ▶生活サイクルや認知の状況、環境要因にも注目

項目ごとで特に注意したいこととしては、①であれば**「本人の生活サイクルの変化」**が認められることもある点です。

①の起居動作の場合、直前まで本人が「眠っていた」ことも想定されます。仮に、いつもは「ちょっと会話をすれば覚醒していた」として、その時に限って「なかなか覚醒しない」となると、介助にかかる負担が大きくなることがあります。

そこから想定されるのが、何らかの原因により「睡眠サイクル」などが乱れていることです。つまり、本人の身体機能だけでなく、**生活の状況**がどうなっているかを推し量ることもできるわけです。

②の移乗の動作の場合、車いすからベッドへの移乗（あるいは、その逆）に際して、「車いすとベッドの位置関係」「車いすのブレーキをかける」「フットサポートを操作する」などのさまざまな手順が必要です。「自立」の人でも、すべて自分で行なうのは大変です。

仮に認知症などが進んだ場合、この「手順」が踏めなくなることがあります。身体機能的には変わりがなくても、認知機能の変化が影響を与える可能性について考慮することが大切です。

③のうちの移動で注意したいのは、歩行器を使っているケースです。たとえば、少しずつ体格が変化する中で、歩行器が使いづらくなれば「自立度」にも影響を与えます。握力の変化で「手すり」が使いづらくなることもあります。こうした動作をサポートする**機器類の課題**についても、しっかり着目することが必要でしょう。

## 「移乗動作」に関する介護記録のポイント

車いす・ベッド間、車いす・普通の椅子間での移乗に際し、「自立・見守り・一部介助・全介助」をチェックした後に、特に注意したいポイント

**例Ⅰ．車いすからベッドへの移乗**

【手順】車いすでベッドまで近づく→ブレーキをかける→フットサポートを持ち上げる→ベッドに移る→ベッドに横になる

**例Ⅱ．ベッドから車いすへの移乗**

【手順】起き上がりベッドの縁に腰かける→（安全に移乗するために必要であれば）車いすの向きを変える→車いすに移る

手順がきちんと踏めているか。各動作能力に問題はなくても、手順が踏めないために「できなくなっている」ことも

**備考欄等への記載例**

（見守り）車いすからベッドへの移乗の際、車いすのブレーキをかける手順が抜けた。声をおかけしてかけていただいた。

## 「移動・昇降」に関する介護記録のポイント

それぞれ「自立・部分介助・全介助（移動の場合、別に「車椅子使用」の評価あり。歩行器使用は部分介助）」をチェックした後に、特に注意したいポイント

**Ⅰ．移動**

移動に際して使う機器類に支障が生じていないか。自立歩行であっても、体重移動がスムーズか、などに注意

**備考欄等への記載例**

（部分介助）私用の車輪付き歩行器を使われていますが、「ブレーキの効きが甘くなっている」とのお話あり。前回の評価時より前屈みになっておられます

**Ⅱ．昇降**

手すりがきちんと握れているか。階段の各段の踏みが浅くなっていないか。特に下り時の姿勢保持が安定しているか

**備考欄等への記載例**

（自立→部分介助）階段面の踏みが浅くなっているので、斜め後ろで見守りに入りました。階段の途中で立ち止まり、手すりの位置を気にされています

# 現場で必要な介護記録③ 栄養と食事（その1）

**まずは、利用者の日々の栄養状態についての記録から**

利用者のADL評価の中から、食事について取り上げます。ただし、日々の食事の状況が利用者の栄養状態にも深くかかわることを考えた時、まずは「栄養」についての記録を押さえましょう。

利用者の栄養状態は、その人の健康だけでなく、日々の生活での活動や意欲にも大きく影響します。介護職としても、看護職や管理栄養士との協働により、記録を通じて意識を高めておきましょう。

### ▶定期の測定以外での「気づき」も重要に

栄養にかかる記録の基本は、**利用者の身長と体重の測定**です。これにより、低栄養リスクを判断するBMI値が算出できます。

また、体重については、一定期間（1、3、6か月）での減少率からも低栄養リスクを把握することができます。

上記の点から、身体・体重測定は1か月に1回（少なくとも3か月に1回）のペースで行なうことが求められます。

ただし、現場の介護職としては、定期以外でも「測定の必要性」がないかどうかに注意を払うことが必要です。

たとえば、数週間単位で「明らかに見た目にやせた・顔色が悪い（目視）」、「身体を支える介助の際に“軽さ”を感じた（体感）」、「本人が疲れやすさや意欲のなさを訴えている（言動）」など。これらは主観が含まれる情報ではありますが、利用者の異変をキャッチする機会であることに変わりはありません。

この記録により、看護職や管理栄養士による精査（低栄養リスクがある場合、ここで随時の測定が行なわれる）→早期の異変の把握

## 低栄養リスクに関する情報と介護記録

定期の身長・体重測定
（1か月に1 回）

介護職としての「気づき」を
看護職・管理栄養士に報告し、
数週間単位で測定を行なうことも

例. ●明らかに見た目にやせた・顔色が悪い（目視による気づき）
●身体を支える介助の際に「軽さ」を感じた（体感による気づき）
●本人が疲れやすさや意欲のなさを訴えている（言動による気づき）

**介護記録（備考等）への記述例**

●ベッドから車いすへの移乗介助を行なったところ、10日ほど前と比べ、背中の脂肪が落ちたように感じられました。過去の食事量を確認したところ、主食の摂取量が10日前と比べて、○%ほど落ちています。→看護師に報告

看護師等に報告する前に、過去の記録（食事摂取量など。79ページ参照）と照合し、客観的データを明らかにしておくと連携が取りやすくなる

誰に報告したのかを明記することで、必要なプロセス（報告等）の漏れを防げる

管理栄養士等が判断するが、介護職としても「目安」として押さえておきたい

低栄養状態のリスクレベル評価基準
（「LIFE利活用の手引き」より）

| リスク分類 | 低リスク | 中リスク | 高リスク |
|---|---|---|---|
| BMI | 18.5 ～ 29.9 | 18.5 未満 | |
| 体重減少率 | 変化なし<br>（減少３％未満） | 1か月に3～5％未満<br>3か月に3～7.5%未満<br>6か月に3～10%未満 | 1か月に5% 以上<br>3か月に7.5％以上<br>6か月に10％以上 |
| 血清アルブミン値 | 3.6g/dl以上 | 3.0～3.5g/dl | 3.0g/dl未満 |
| 食事摂取量 | 76～100％ | 75%以下 | |

第4章

→早期の対処へとつながることで、重症化を防ぐことになります。

結果として、栄養状態と関連はなくても、心身にかかるその他の異変の把握につながることがあります。その意味では、「身長や体重」への意識が、利用者の状態変化のバロメーターとなるわけです。

たとえば、新人職員で「利用者のどこに注意を払えばいいかわからない」という場合、少なくとも、「身長と体重」に関係する状況に注意をうながすことが「気づき力」を高める一助となります。

**▶摂取量をできるだけ客観的に表記するには？**

次に注意を払うべきは、利用者の栄養摂取の状況です。

栄養改善に向けた加算等を取っている場合、介護現場で提供される食事については、（管理栄養士などが）一人ひとりに必要な摂取栄養量を計算したうえで献立が組まれています。

そのうえで、現場の介護職がチェックしたいのは、設定された献立を利用者がしっかり食べているかどうかです。

ここで必要なのは、記録を読んだ人が情報を客観的に受け止めることができる様式です。たとえば、「いつもよりやや多め」という言葉で記されていても、その「多め」がどれくらいなのかは、人によって受け止め方が異なることがあります。

LIFE への情報提供では「%」で記す形になっていますが、目視を数値化するうえでは、記録者によって差が生じがちです。そこで、99 ページの図のように記す方法もあります。

こうした図示は、主観をまじえず「見たまま」を映すことにつながります。数値化に慣れないうちは適用したい方法といえます。ただし、備考が必要になることもあるので、そのあたりは図を参照してください。

## 食事摂取量をどのように記せばよいか？

**STEP 1** 栄養マネジメント強化加算・栄養アセスメント加算を算定している場合等

**管理栄養士が利用者一人ひとりの状態に合わせて「必要栄養量」を計算**

【参考値 推定エネルギー必要量（kcal/日）】

| 性別 | 男性 | | | 女性 | | |
|---|---|---|---|---|---|---|
| 身体活動レベル※1 | Ⅰ | Ⅱ | Ⅲ | Ⅰ | Ⅱ | Ⅲ |
| 65～74歳 | 2,050 | 2,400 | 2,750 | 1,550 | 1,850 | 2,100 |
| 75歳以上※2 | 1,800 | 2,100 | － | 1,400 | 1,650 | － |

※1　身体活動レベルは、低い、ふつう、高いの３つのレベルとして、それぞれⅠ、Ⅱ、Ⅲで示した。
※2　レベルⅡは自立している者、レベルⅠは自宅にいてほとんど外出しない者に相当する。
レベルⅠは高齢者施設で自立に近い状態で過ごしている者にも適用できる値である。

**STEP 2** 管理栄養士が、直近3日間の食事での「提供栄養量」を記録

**STEP 3** 栄養補給の状況から、実際の「摂取栄養量」を記録

| 主食 | ○% |
|---|---|
| 主菜・副菜 | 主菜○%、副菜○% |
| その他（補助食品など） | 具体的に記す |
| 食事全体 | ○% |

「%」表示に慣れていない場合、以下のような記録も

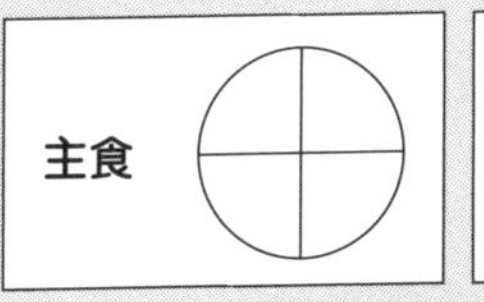


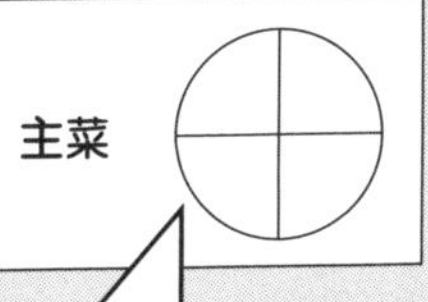


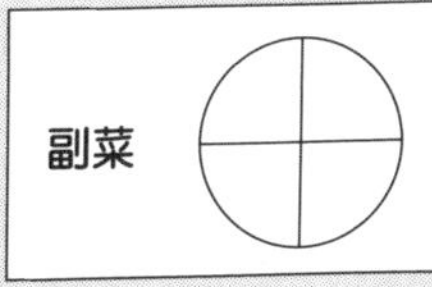


特に気づいたことがあれば、それぞれに「備考欄」で記す
例. 主菜の「鳥のうま煮」で、根菜類はすべてお残しになった。
→繊維が歯に挟まるのを嫌がっている等が想定される
（つまり、口腔内の状況との関連も課題として抽出できる）

※4分の1単位で図示。「副菜」とは別に「汁物」の記録欄も設けたい

# 現場で必要な介護記録④ 栄養と食事（その2）

利用者の日々の食事の様子をどのように記録するか？

利用者の「栄養」の状態を確認・記録したうえで、「栄養」状態に密接にかかわってくる「食事」の状況について記録します。

ポイントは、①食事に関連するADLの状況、②食事をめぐる本人の意欲の状況、③咀しゃくから嚥下に至るまでの口腔機能に関する状況です。③については、次項の「口腔機能」の記録について取り上げるとして、ここでは①と②に着目します。

### ▶食事に関する動作の流れを５段階で意識する

まず、①のADLに関してですが、３章の5（56ページ）で述べたように、食卓に着いてからの「利用者のしている動作」が評価と記録の対象となります。Barthel Indexに沿った評価は「自立」「部分介助」「全介助」でチェックしますが、評価に変化が生じたり、「いつもと違う状況」があれば、それを具体的に記します。

食事に関する動作の流れは、おおむね以下のようになります。

❶食べる前の準備…エプロンを装着、姿勢や食器の位置を整える。

❷食べ始める動作…器や箸・スプーンを手にし、食べ物を食べやすい大きさに切る。あるいは、切った食べ物を小皿に取るなど。

❸食べている動作…食べ物を口に運ぶ。あるいは、姿勢を変えて（前かがみになるなど）、食べ物に口を近づけるなど。

口に入れた後は、③に関連するので次項で示します。

❹食べた後の動作…器をもとの位置に戻す、器に残った食べ物をまとめる（❸に戻り、それを口に運ぶ）、箸・スプーンを置く。

なお、食事を通して、❶～❹の流れが繰り返されます。主食や主・

## 「食事」に関するADL動作を5段階で意識

記録するべきポイントは？

**第1段階　食べる前の動作**

- （食卓での）手指消毒や手拭き
- エプロンを装着する
- 食器の位置を食べやすい位置に
- 食べやすいように姿勢を整えるなど

ADL面で「できているか否か」だけでなく、「手順を満たしているか。順番は正しいか」にも着目
→認知の衰えなどが推し量れる

**第2段階　食べ始める動作**

- 器や箸・スプーンを手にする
- 食べ物を食べやすい大きさに切る
- 食べ物を箸でつかむ、スプーンですくう
- 切った食べ物を小皿に取る など

手指機能の状況が現れる。これが衰えることで、本人の食事に対する意欲低下に強くつながることがある
→食事量の低下などにも関連大

**第3段階　食べている動作**

- 食べ物を口の近くに運ぶ
- 姿勢を変えて、食べ物に口を近づける
- 食べ物が入るよう、口を大きく開ける
- こぼさないように口に入れる など

腕の可動域や体幹筋などが衰えている場合、食べ物をこぼしやすくなることも。本人の自尊心にも影響する
→さらに、姿勢の崩れは誤嚥の遠因ともなる

口腔内での咀しゃく・嚥下（事項参照）

**第4段階　食べた後の動作**

- 器をもとの位置に戻す
- 器に残った食べ物をまとめる
- いったん箸・スプーンを置く
- 姿勢をもとに戻す など

食事の流れの中でインターバルがきちんと取れているか（口に食べ物を詰め込んだりしないか）が推し量れる
→誤嚥リスクを防ぐうえで特に重要な点

**第5段階　食後の後始末**

- 食べこぼしなどをかたづける
- 口の周りを拭く
- エプロンを外してたたむ など

言葉での感想はなくても、この段階の動作から「食事への感想（満足・不満）」がうかがえることも
→やはり、認知の状況にも注意

副菜、汁物によって、動作の状況が変わることもあります。
❺食後の後始末…食べこぼしをかたづける、口の周りを拭くなど。

**▶❶〜❺の移行でどこに「リスク」が潜んでいるか？**

この❶〜❺で、「いつもと違う状況」などの気になる点に着目するわけですが、すべてに目を配るのは簡単ではありません。

特に嚥下機能が衰えている人の場合、食事介助では「誤嚥リスク」などに常に注意を払うことが求められます。そうした中で、食事動作全体を通して注意力を持続させるのは、なかなか困難です。

ただし、動作が❶〜❺のように成り立っているという意識があれば、注意ポイントを**「動作の区切り」**で整理しやすくなります。

たとえば、食べる動作のインターバル（間隔）が短く、❸から咀しゃく・嚥下に続く動作が繰り返され、なかなか❹に移行しないケースがあるとします。そうなれば、口の中に食べ物がたまりやすく、咀しゃくが不十分となって誤嚥などのリスクは高まります。

ここで、言葉による誘導でいったん流れを休止してもらい、インターバルを取ることがリスク軽減において重要となります。

この流れを頭に入れておき、「なかなか❹に移行しない」ことを「気になる点」として記録に残します。これが現場の多職種で共有されるだけでも、誤嚥事故などを防ぐことにつながります。

**▶❶〜❺により、目立ちにくい課題の発見も**

「栄養」という観点では、❶〜❺の動作にADL上の課題があることで、「食が進まなくなる」こともあります。つまり、ADLに関しての「食事のしにくさ」が、低栄養リスクにつながるわけです。

たとえば、管理栄養士等による栄養評価が落ち込んでいる場合、上記のADL上の課題が記録されていれば、「何が原因なのか」を探るヒントとなります。たとえば、❷において器や自助具の使いにくさが見られるのであれば、必要な環境改善を図ることで、栄養状態の改善につながるという可能性も見えてきます。

見過ごされやすい課題もあります。たとえば、動作は一見問題なさそうだが、本人の中では関節等の痛みがあり、❶〜❺のサイクルが滞ってしまうといったケース。その結果、短期的には目立たなくても、少しずつ食の進みが悪くなるという具合です。

そうした課題を早期発見するうえで、一つのバロメーターとなるのが、食事に対する「本人の意欲」や「満足感」「意識」です。この部分の気づきから逆算することで、「どこに原因があるのか」を探るためのきっかけとなります。

### 「食事に関する課題」は、利用者のどんな点に現れるか？

**食事摂取量の低下につながる課題**

- 例 消化器系の持病悪化など体調の不良による食欲低下
- 例 食事動作に関するADL上の問題などで「つらさ」拡大
- 例 視覚や嗅覚の衰えなどで食への関心が薄れている
- 例 悩みなど心理的な問題から食欲が損なわれている

**食をめぐるさまざまな言動に現れる**

例.「もうごはんなの？　さっき食べたばかりのような気がするけど」
例.「おかずの選択肢が少ないような気がする」といったクレーム等
例.「食べているのを、人に見られるのはあまりいい気持ちがしない」

↓

こうした「気になる言動」を記録に残すことで、隠れた課題が浮かぶことも

# 4-6 現場で必要な介護記録⑤ 嚥下と口腔の状態（その1）

**食事時の咀しゃくや嚥下について、押さえるべき点は？**

利用者の栄養に大きくかかわるのが、嚥下や口腔の状況です。

介護職としては、日頃の嚥下状態の把握や嚥下機能を向上させるケア、食後等の口腔ケアへの関心は高いでしょう。ただし、その前に高めたいのが、**食事中の咀しゃく・嚥下の状態への注意力**です。

まずは、前項の「食事動作」を受け、「口に食べ物を入れた後」の咀しゃくや嚥下がどうなっているのかを確認します。

### ▶「食べ物を口に入れた時」の流れを意識する

口に食べ物を入れた時、口の中では以下のような動作が行なわれています。この流れを意識することから始めます。

❶口に入れた食べ物を咀しゃくする
❷咀しゃくした食べ物を舌など使って固まりにする
❸ほどよい固まりにしたところで、舌で喉の奥に送る
❹気道が閉じられ、食べ物が食道へと送られる（嚥下）

❶→❷では、以下のような点がポイントとなります。一つは、「固まりを形成するための唾液がきちんと出ているか」。もう一つは、「固まりがバラバラにならないレベルまでかみ砕けているか」。

これらが十分に機能していないと、食べたものが十分にまとまらず、❸→❹の過程でバラバラになって、誤嚥の原因となります。（水分の方が誤嚥しやすいのは、固まりが形成されないからです）

また、唾液によって固まりの周囲に滑らかさが生じるわけですが、これが十分でないと❹で「詰まり」が生じる危険があります。餅などで粘り気が残っているケースでは、窒息のリスクも高まります。

## 「口腔内での咀しゃく・嚥下」にかかる動作の流れ

**101ページの「第3段階」で「食べ物を口に入れる」**

**観察と記録のポイント（例）**

↓

**STEP1　口に入れた食べ物を咀しゃくする**

ポイント
食べ物が口の中で「まとまりやすい」状態まで細かくできているか

（食事前）「口の中をもごもごと動かしている」（食事中）「顎の動きが小さく、表情が険しくなることがある」→入れ歯が合わない、口内炎等がある？ など

↓

**STEP2　咀しゃくした食べ物を舌など使って、固まりにする**

ポイント
唾液がきちんと出て、固まりを作り表面の滑らかさが形成されているか

（食事前）「口を開けて息をしている」「話の途中で舌が引っかかっている」（食事中）「いつまでも口の中で食べ物を転がしている」→唾液が十分に出ておらず、口内が乾いている可能性

↓

**STEP3　ほどよい固まりにしたところで、舌で喉の奥に送る**

ポイント
固まりが大きくなりすぎていないか
舌の動きが円滑に保たれているか

（食事中）「食べ物を噛み終わった後、嚥下する様子が見られない（口腔内の筋肉が動いていない）→口の中に食べ物を残したままの可能性→何かの拍子で誤嚥を引き起こす危険

↓

**STEP4　気道が閉じられ、食べ物が食道へと送られる（嚥下）**

ポイント
咽頭のさまざまな筋肉が円滑に連携して、しっかり動いているか

（食事前・食事中）「本人の意識が十分に覚醒していない（傾眠などが見られる）」→口腔内の食べ物に対する意識が薄れることで、そのまま息を吸った際に誤嚥する危険あり

↓

**101ページの「第4段階」で「食べた後の動作」に移る**

### ▶食事の直前に「唾液や歯」の状態を確認する

以上の点から分かるとおり、「利用者が食事をする前」から確認しておきたいのが❶→❷に影響を与える唾液や歯の状態です。

具体的には、口に食べ物を入れた時に、唾液がきちんと出る状態になっているか。そして、きちんとかみ砕くための歯（入れ歯含む）の状態が整っているか、です。

前者では、持病以外でも、**服薬や日々の体調**によって唾液が出にくい状態になることがあります。持病・服薬については医療・看護職などから留意点を、日々の体調については他の介護職員から前日・夜間の情報を引き継いで、頭に入れておきましょう。

そのうえで、食事の直前にも口腔内が乾いていないかをチェックします。鼻づまりなどで「口で呼吸をしている」といった場合、あるいは話をした時に「（口の中の渇きで）舌がひっかかる」ような状況がある場合は、管理者や看護職に報告しましょう。

当然、食事中の経過観察を入念に行ない、食事に関する記録にも上記のような状況を記しつつ、職員間での共有を図ります。

### ▶傾眠や認知の状況など、食事中の注意点

さて、食事中に注意したいポイントは次のとおりです。

❶では、口に入れた食べ物をきちんとかめているか。咀しゃくがいつまでも続いたり、かむのに苦痛な様子が見られる場合は、食べた物が固かったり、歯の具合に問題がある可能性が考えられます。

❷で注意したいのは、口に入れる食べ物の量が多いと、喉に通すような「ほどよい固まり」が形成できないことがある点です。

また、食事中に傾眠などが見られる場合、❶→❷が十分に行なわれずに❸、❹へと移ってしまう危険もあります。加えて、❸、❹で

しっかりと飲み込みが行なわれずに傾眠状態になると、息を吸った瞬間に食べ物が気管に回る恐れもあります。

さらに認知症などの場合、❶〜❹の過程で、一連の行為への集中が途切れやすくなります。たとえば、❶〜❹のサイクルが完成しない前に、次の食べ物を口に入れようすることで、口の中に残った食べ物を誤嚥してしまうというリスクも生じます。

こうした食事中の**「覚醒」や「認知」の状況**についても、気づいた時点で記録に残すことが重要です。誤嚥事故は命にかかわるケースも多いので、特に**記録のルール化**が求められる部分でしょう。

仮にこうした記録がなされた場合は、必ず職種間で話し合いを持ちたいものです。そのうえで、本人が食べ物を口に入れる前に「（声かけなどで）どうすれば覚醒してもらえるか」を検討しましょう。

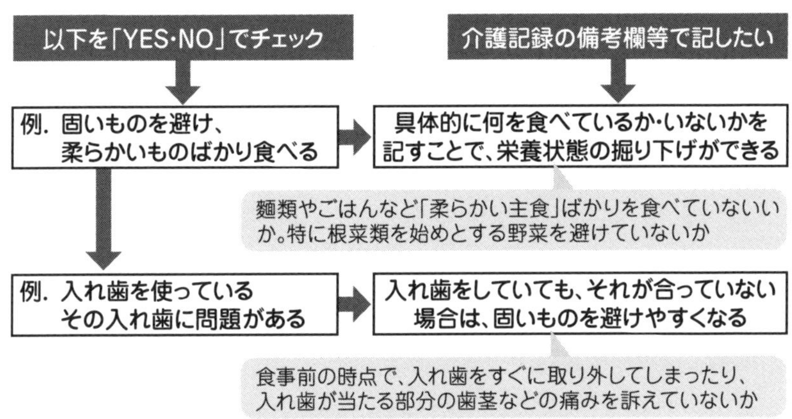

# 4-7 現場で必要な介護記録⑥ 嚥下と口腔の状態（その2）

## 日々の口腔ケアでの気づきや歯科衛生士等による指導など

口腔機能関連の加算（口腔・栄養スクリーニング加算や口腔機能向上加算など）を取っているか否かにかかわらず、日々の口腔ケアは、利用者の栄養改善や誤嚥防止にとって不可欠な取組みです。

この口腔ケアですが、自立支援の観点からすれば、「自分でできる範囲はしてもらう」が基本です。一方で、口腔機能の維持・向上をしっかり図るうえでは、専門職によるサポートも欠かせません。

となれば、「自分でできる範囲」が広い人でも、利用者の意思を尊重しつつ「本人との協働作業になる」という意識が必要です。

### ▶歯磨きが「自立」の人でも口の中のチェックを

その「協働作業」において、特に気になる点や気づいたことが記録の対象となります。これを多職種でチェックすることにより、口腔内の問題を早期に発見し、対処することが可能となります。

では、口腔ケアの場面でどんな点に注意を向けることで、気づきを得やすくなるのでしょうか。

まずは、口腔ケアに際して、歯（入れ歯含む）の汚れが目立ったり、舌苔がある、口臭が気になるといった状況に注意します。

また、口腔内がやたらと乾燥している、食事後において口の中に食べ物のかすの残りが目立つといった点も要チェックです。いずれも誤嚥リスクを高めることにつながります。

歯磨きのADLが自立している人の場合でも、終わった後に本人の了解を得て、口の中をチェックしましょう。

ただし、口の中を「人に見せる」というのは、本人の立場にして

## 日々の口腔ケアの流れと記録

本人はどこまで自分でできるか
- 口の中を水でゆすぐ
- 歯ブラシに「歯磨き粉」をつける
- 歯磨きをする（どの部分まで?）

**事前の評価と異なる場合、気になる点がある場合等の記録**

例.「事前評価では、奥歯まで自分で磨いていただいていたが、この日は前歯まで磨いて止められてしまった。奥歯磨きを促したが、『今日はここまででいい』と拒否された」

→ 奥歯に痛みや支障がある可能性を考慮しつつ上司等に報告

自立の場合

→ 終了後に口を開けてもらい口腔内をチェックする

全介助・部分介助の場合

→ 口を開けてもらい介助しながら口腔内チェック

**円滑なコミュニケーションをうながすための手法を考える**

- 例. 日頃、家族が動作を促すためにとっている手法など
- 例. 人によって、言葉より動作の方が有効なことも
- 例.「嫌なことのお願い」になる可能性が高いので、その人の尊厳に配慮した言葉づかいなどを検討する

**口腔内のチェックポイント**

- 食べかすが残っていないか
- 歯の汚れはどの程度か
- 口臭はないか
- 舌苔などはないか

気になる点は歯科衛生士等に報告

**コミュニケーションを取る中でのチェックポイント**

- 入れ歯の具合はどうか
- 歯や口腔内の痛みなどの訴えは?
- 発声や舌の動きについて気になる点はないか

**コミュニケーションの際の気になる点がある場合の記録**

例.「『入れ歯が歯茎に当たって痛い』と言われた。話をされている間も、『入れ歯が気になる』と言われる」

みれば、いい気持ちはしません。そこで、**「どうすれば気持ちよく口を開けてもらえるか」**というコミュニケーションの取り方（109ページ図参照）を現場で話し合っておきたいものです。

その際、利用者とコミュニケーションを取るわけですから、口内炎や歯の痛みがないか、あるいは「入れ歯が合わない」などの状況はないかなどについても、しっかりヒアリングします。

### ▶歯科衛生士等からの助言・指導の振り返りを

口腔ケアに関しては、昨今の基準・報酬改定で、現場への歯科医師や歯科衛生士、言語聴覚士の関与が大きくなっています。

たとえば施設系サービスでは、2021 年度の基準改定により、「歯科医師や（歯科医師の指示を受けた）歯科衛生士」が介護職員に対して「年２回以上」、**口腔ケアにかかる技術的助言・指導**を行なうことが義務づけられました（2023 年度末までの経過措置あり）。

せっかくの助言·指導ですから、それを意味あるものにするには、日々のケアに活かし続けることを意識しなければなりません。

その点を考えた時、助言・指導の内容（口腔衛生管理加算を算定している場合は、利用者ごとについても）をマニュアル化し、常に参照できるようにしておくことが求められます。

口腔ケアに際しての留意点が含まれるわけですから、これがそのままチェックポイントとなります。中には、介護職自身の技術についての振り返りも含まれます。つまり、「自分が行なうケア」についての気づきを鍛えることにもなるわけです。

助言・指導通りに行なわれていない場合は、何が原因なのか。口腔ケアに限った話ではありませんが、そうした自身の介護技能についても、記録すべき対象とするしくみを築きたいものです。

## 歯科衛生士等からの助言・指導を受けての対応

**施設系サービスで 2021年度から運営基準に組み込まれた年2回以上の技術的助言・指導**

↓

施設全般における
- 入所者の口腔状態の評価方法
- 適切な口腔ケアの手技
- 口腔ケアに必要な物品整備の留意点
- 口腔ケアにともなうリスク管理
- その他、口腔ケアの実施にあたり必要な事項

↓

助言・指導内容を受けて
施設全体のマニュアル整備
（助言・指導のたびに改編）

↓

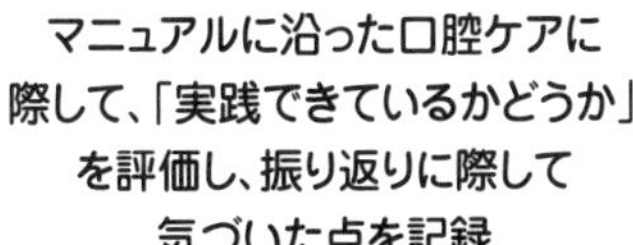

マニュアルに沿った口腔ケアに際して、「実践できているかどうか」を評価し、振り返りに際して気づいた点を記録

例.「特定の物品が足りなくなることがある」「利用者から、長時間口を開けていることに対する苦痛の訴えあり」「ケアに際して歯茎から出血が見られることがある」「どの程度の時間を費やせばいいのか分からない」

**施設系サービスで 2021年度からLIFE連携が要件となった口腔衛生管理加算にかかる技術的助言・指導**

↓

その施設の利用者ごとの
- 固有のリスクに応じた口腔清掃などの実施について
- 口腔清掃にかかる知識・技術の習得の必要性について
- 食事の状態や食形態の確認について
- 現在の取組みの継続について

利用者ごとの口腔ケアに際して
行なうべきこと・留意事項を
ケア計画内に記載

計画に沿って利用者ごとの口腔ケアを実践したうえで、口腔内の状況の他、ケアの実践に際して気づいた点を記録

例.「うがいに際して誤嚥リスクがあるご利用者に、ジェルを使った口腔ケアを行なうよう指導されているが、ご本人から（使用を）嫌がられる。円滑に受入れていただけるような工夫を考える必要あり」

# 4-8 現場で必要な介護記録⑦ 排せつケア

## ADLだけでなく、本人の尊厳・体調にも注意を向ける

利用者にとって、「できるだけ自分だけで、そして今まで通り」に行ないたいという気持ちが強い行為といえば「排せつ」でしょう。

トイレでの着衣の上げ下ろしを人に手伝ってもらったり、おむつの中に排せつするというのは、本人にしてみれば「人としての尊厳」が大きく損なわれる瞬間です。その点を考えた時、排せつに関するADLが変化すれば、日常生活全般に関する意欲なども影響を受けているという視点を欠かすことができません。

介護記録においては、そうした利用者の尊厳保持を含めた幅広い視点での気づきを描くことが重要です。この点を頭に入れつつ、排せつ動作の流れに沿って「気づき」のポイントを探りましょう。

### ▶排せつ行為を成り立たせている動作を整理する

排せつ動作の流れは、以下のようになります。

❶尿意・便意を感じる・コントロールする…介助が必要な場合、その時点で介護者に「トイレに行きたい」旨を訴えます。

❷トイレまで移動する…トイレのドアの開閉まで含みます。

❸脱衣（排せつ後は着衣）を行なう…立位・座位は問いません。

❹便座に座る（排せつ後は立ち上がる）…手すりがきちんと使えているか、座位・立位が保持できているかにも着目します。

❺排せつ後の処理…トイレットペーパーやウォシュレットを使う、汚れを拭きとる、便器内を洗浄するなど（ポータブルトイレの洗浄や濡れたパッドなどの処理も含みます）。

❻排せつ後の着衣・立ち上がり…上記❸、❹を参照

## 排せつ行為における動作の流れ
～例. トイレで排せつを行なう場合～

| 動作の流れ | 記録のポイント・例 |
|---|---|
| ① 尿意・便意を感じる それを介助者に訴えたり コントロールする | 認知症では、便意・尿意をうまく訴えることができない場合がある<br>→「ご本人の排せつサイクルを量り、立ち上がり時にトイレに誘導しているが、この日は予想外のタイミング以外で立ち上がられた。そのままトイレに誘導したところ排尿された」 |
| ② トイレまで移動して（車いす等も含む） ドアを開ける | |
| ③ 着衣を下ろす（立位を保持する他 座位で行なうケースも） | これまで「自分でできていた」のに、「介助を要する状態」が見られた場合（本文中のP.114②のケース）<br>→「立位がうまく保持できず、手すりをつかんだままなので、着衣をご自分で下ろすのに手こずられた。ご本人の承諾を得て、着衣下ろしを手伝った」 |
| ④ 排せつの体勢をとり、排せつ中の 座位・立位を保持する | |
| ⑤ 排せつ後の処理 トイレットペーパーの 使用や便器の洗浄など | |
| ⑥ 便座からの立ち上がり 便器からの離脱 着衣を上げるなど | これまで「介助を要していた」が「自分で行なおう」とする意思がある（本文中のP.114③のケース）<br>→「便座からの立ち上がりについて、いつもは介助しているが、この日は手すりを持って、こちらが動く前に立ち上がろうとされた。腰を浮かせた後は立ち上がりまでを介助」 |
| ⑦ トイレのドアを開け もとの場所まで移動 | 排せつ終了後の「訴え」やその後の生活上の前向きさがどう変化したか等に注意 |

❼トイレを出る…トイレ内照明の消灯なども含みます。

この流れを見ると、いろいろな動作が複雑に絡んでいる様子が分かります。一連の動作を整理したうえで、まずはそれぞれの利用者が「自分でどこまでできるか」をアセスメントします。

### ▶実際のケアで特に着目したい３つのケース

事前のアセスメント内容を頭に入れたうえで、実際のケアの際して配慮したい点・注目したい点は以下の３つです。

**①「介助を受けること」への受容が特に難しい部分、強く抵抗を感じる部分について**…利用者のそれまでの生活歴と照らしたり、疾病·障害によって「できなくなった」時期からの期間を考慮します。「できなくなってから」の期間が長いとしても、本人の恥ずかしさや葛藤は決して薄れることはないという意識が大切です。

**②事前のアセスメントと比較して「できない」範囲が広がっていないか**…実際のケアで、「できない」範囲の広がりが認められた場合、利用者の尊厳が大きく損なわれていると意識しなければなりません。

**③事前のアセスメントと比較して、「できるかもしれない」という可能性が認められる部分がある**…②とは逆に、本人の可能性が高まっているケースです。その部分に着目して、自立支援の環境整備などを行なうことで、生活全般への意欲の向上が期待できます。

### ▶各ケースでの記録と共有についてルール化を

上記の①～③が、介護記録を作成するポイントとなります。

①が認められる利用者については、その時々の本人の「訴え」などへの傾聴の強化をルール化します。そのうえで、ちょっとした「ひと言」でも気になる点があれば、必ず記録を残します。

②が認められたケースでは、その時の ADL の状況等をチェック

したうえで、備考欄等に具体的な状況を記します。この情報を速やかにチーム内で共有したうえで、その他の生活行為にどのような影響が及んでいるかについて、注意を集中させます。

③のケースでは、「どのような場面で本人の可能性に気づいたか」を具体的に描写します。それをリハビリ職や看護師、機能訓練指導員などに速やかに伝えるしくみを整えておき、各種支援計画の見直しにつなげる流れをルール化することが必要です。

施設系等で**排せつ支援加算**を算定している場合などは、③の気づきがアウトカム評価（おむつ外しの実現など）につながる可能性もあるでしょう。報酬算定にも影響をおよぼす部分といえます。

いずれにしても、排せつ支援に際して特に重要なのは、どんな時にどんな記録を作成し、それを組織内でどのようにバトンタッチしていくか――この流れを事前にルール化しておくことです。

## 排せつにかかる記録をめぐり、ルール化したいこと

**❶ 介助を受けることに強く抵抗されている、あるいは、排せつ介助後に強い意欲低下が見られるケース**
→ 対象となる利用者については、排せつケアの場面、およびその前後に際して、本人からの「訴え」がある場合は小さなことでも記録を必須とする
↓
記録をもとに、排せつ介助をめぐる尊厳保持について、集中的な取組みを

**❷ 事前のアセスメントと比較して「自分でできる範囲」が狭くなっていることが認められるケース**
→ 新たに介助を要した部分をチェックしたうえで、具体的な介助の状況を記録。「必読マーク」をつけるたり、日々のミーティングでも報告義務づけ
↓
記録・報告にもとづき、他の生活状況について重点的にモニタリング

**❸ 事前のアセスメントと比較して「自分でしよう」としている可能性の広がりが認められるケース**
→ どのような場面で「本人の可能性」に気づいたかを具体的に記す。やはり「必読マーク」をつける他、看護師や機能訓練指導員に直接報告を
↓
自立支援に向けた機能訓練計画などの見直しへと速やかにつなげる

# 現場で必要な介護記録⑧ 入浴・整容について

ケアを通じてQOLにどのような変化が生じているか

さまざまな生活行為の中で、利用者がリラックスしたり前向きな気持ちになるものとして、入浴や整容も大切な機会です。

食事や排せつなどと比べて、生活上の重要度が低く位置づけられることもありますが、その人のQOLを大きく左右することに変わりはありません。たとえば、心疾患などの持病によって「入浴は控えなければならない」となった場合、「控える」ことで「生活意欲の低下→生活行為の自立度に影響する」といった見立ても必要です。

こうした見立て力を現場で強化するため、入浴・整容に関するADL評価を行なうと同時に、**「その前後」で**利用者の生活の様子がどのように変わったかをチェックします。そのうえで、他の生活行為と同様に気づいたことを記録として残します。

### ▶入浴・整容を成り立たせる動作を整理する

まずは入浴ですが、どのような動作で構成されているか整理しましょう。ここでは、浴槽にお湯が張ってある状態を前提とします。なお、人によって手順が前後することもあります。

❶タオル等を用意する…着替えやバスタオル等の準備も含む

❷脱衣…脱いだものを取りまとめるなどの行為も含む

❸シャワー等で身体を流す…シャワーを手で持って、温度調節やお湯を出したりすることまで含む

❹石鹸・シャンプーで身体や髪を洗う…浴室内の椅子に座って行なう場合は、座位が保てているかどうかもチェック

❺浴槽をまたいで中に入り、湯につかる…いったん入浴台等に座っ

## 「入浴」「整容」にかかる記録のポイント

入浴時等の「準備」や「脱衣」について、自分で行なえる範囲が狭くなっている

職員の介助範囲が広がると、「申し訳ない」という気持ちが強くなり、入浴や整容によるメリットが損なわれる可能性あり

**記録例** 入浴時の脱衣で、これまで上衣は自分で行なえていたが、衣服からの「腕抜き」が難しく介助を行なった

入浴・整容に本人が集中できているか。本人の訴えなどから「乗り気ではない」といった状況が浮かんでいないか。

「面倒だから今日は入浴（あるいは洗顔等）しない」という行為の拒否を訴えている

本人の体調などについて看護職員と相談しつつ、「その日は行なわない」となった場合、その影響はどこにおよぶか？

**記録例** ご本人が「今日は風呂に入りたくない」と言われた。看護職員に相談のうえ、その日の入浴は取りやめた。

（体調以外で）拒否している背景について、他の記録にさかのぼって探る。取りやめによる、その後の影響にも注意

入浴台に座って浴槽に入っているが、自分から入るのを躊躇したため介助を行なった

運動機能の低下を自覚して「恐怖感」を覚えているとすれば、その後の入浴への意欲が損なわれる可能性あり

**記録例** 入浴台での座位から浴槽へ入る際、なかなか動こうとされないので、（介助者が）浴槽内に入って介助した。

「恐怖感」から入浴が楽しめていないとして、次回の入浴だけでなく、その他の生活意欲への影響にも注意が必要

て入る行為も含む。浴槽内での座位の状態もチェック。
❻浴槽内で立ち上がり、浴槽をまたいで外に出る
❼身体をバスタオルで拭いて、着衣を行なう
❽脱衣所やその他の場所で休息する…水分補給等も含む

次に「整容」です。歯磨きについては、「口腔ケア」の項でふれたので、ここでは「洗顔」について取り上げます。

❶洗顔のためのタオルを用意する
❷洗面台の前に立つ、あるいは椅子・車いすで洗面台に向かう
❸お湯（水）を出し、洗顔する…湯温や水量の調節含む
❹タオルで顔を拭く

その他にも髭剃りや整髪、化粧など、人によってさまざまな整容があるでしょう。手順も当然異なります。**特に個別性が問われる行為**であることを頭に入れ、利用者のそれまでの生活状況等をヒアリングして、その実現に向けたケアを行ないます。

### ▶「いつもと違う」という記録がもたらす効果

記録のポイントは２つあります。

１つは、他の生活行為と同様に、「事前に把握しているADLの状況」と「ケアに際しての状況」に変化が生じている部分です。「できていた」→「できなくなっている」という場合、「何が原因なのか（例．可動域が変化している、座位・立位が不安定になっているなど）」をつぶさに見ていくことが必要です。

逆に「できなかった行為」について、「自分でしようとしている（できる可能性が垣間見える）」という部分も見逃さないように。このあたりは、114ページの排せつケアの項を参照してください。

さて、もう１つは入浴・整容が終わった後に、利用者の表情・言動がどう変わったかです。入浴・整容がQOLと大きく関係するこ

とを述べましたが、他の生活状況への波及に注意しましょう。

たとえば、いつもより念入りに洗顔・洗髪をしていたとして、その後に（気持ちよさから）食が進んだということもあります。また、化粧品を変えてみたら、いつもよりも他の利用者との会話がはずんだ――などというケースも見られます。

このように「いつもと違う」という入浴・整容の状況を記録として残すことにより、他の生活場面での変化と照らし合わせることができるわけです。それにより、「そのQOLを向上させるには何が必要か」というヒントを現場で共有することが可能になります。

食欲が落ちたり、他者とのかかわりが苦手になったというと、持病や認知症の進行などが頭に浮かびます。しかし、それだけでなく、ちょっとした「生活状況の変化」も大きくかかわっているのでは…と気づくだけで、ケアの工夫を広げることができます。

## 入浴・整容に関して「気になること」があった場合

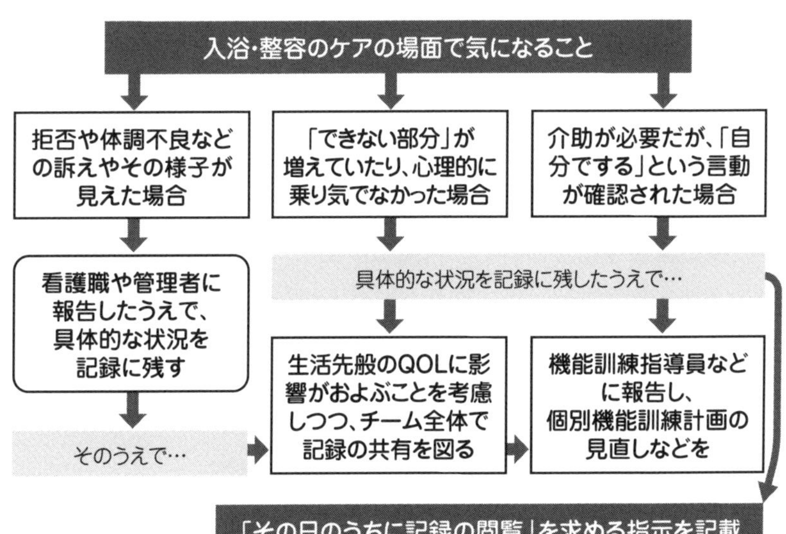

# 4-10 現場で必要な介護記録⑨ 皮膚・褥瘡の状態について

さまざまなケア場面で確認。異常をどのように記録する?

利用者の体調変化は、身体のさまざまな部分に現れます。顔色やむくみなどもさることながら、注意したいのは皮膚の状態です。湿疹や肌荒れなどが、**内臓疾患**などから生じていることもあります。加えて、その人の生活の状況が現れる部分でもあります。

代表的なのが褥瘡です。基本動作（寝返りや座位など）にかかる**ADL の低下や栄養状態**は、褥瘡の発生と大きくかかわります。

また、あざ（皮下出血のあと）などがあれば、「どこかにぶつけた」と考えるのが自然でしょう。「ぶつけた」となると、これも ADL や認知の状況が背景にあることも想像しなければなりません。

さらに、生活の状況という点では、**身体的虐待**（自傷なども含む）の可能性も視野に入れる必要があります。

このように、「皮膚の状態」に注意を向けることで、さまざまなリスクを早期に発見することにつながります。「皮膚の状態」を記録に残すことで、リスクの共有を図り、円滑に解決へと結びつけることは、介護職の重要な責務となります。

### ▶皮膚の状態確認についての意識づけを

まずは、どのようなケア場面が「皮膚の状態」をチェックする機会となるのかを整理し、現場での意識づけを図りましょう。

利用者の肌の「広い範囲」を見る機会としては、「着替え時」「入浴時（清拭時）」「排せつ時」があげられます。

これらのケアの場面において、①本人の体調や訴え、② ADL の状況を確認することに加え、③皮膚の状態確認という「3つの着眼

## 利用者の皮膚の状態をどう記録するか？

**ケアにおいて「皮膚の状態」をチェックする機会**

①着替えの介助
→主に腕や足など露出する部分

②排せつ介助
→下半身を中心に

③入浴・清拭介助
→全身について

**記録の方法について**

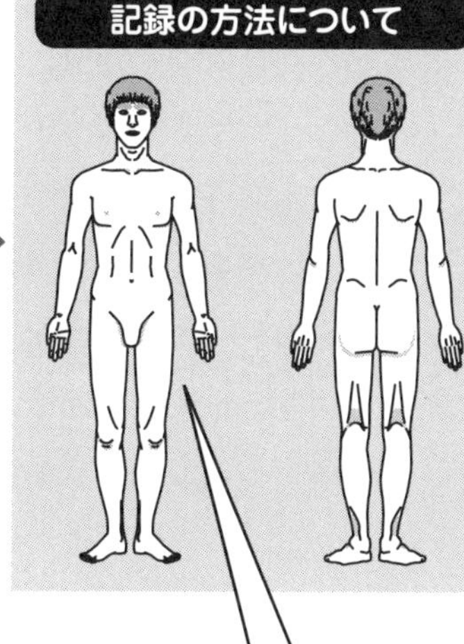

Ⅰ.「全身図」で「皮膚の異常」の場所を記す

Ⅱ.「皮膚異常」の大きさを直径寸法で記す（異常個所の数についても記す）

Ⅲ. 出血量や傷の深さなどの状態を記す（状況次第で、デジタルカメラでの撮影も）

Ⅳ. 本人の訴え（痛みなど）について記す（認知症のBPSD悪化なども含む）

口頭での報告がない場合でも、「皮膚の状態」についての記録は、毎日看護職等がチェックする習慣とする

「記録」とは別に「口頭での速やかな報告」を要するケース（深刻度）について事前にルール化を図る

例.「同様の異常が複数個所」「皮膚異常の直径が○cm以上」「痛みの訴えが特に強い場合」「利用者の意欲が著しく減退している場合（虐待や体調不良などが疑われる）など

医師による診断・治療を経たうえで、「経過観察」を集中的に行なう
→「経過観察」用の記録シートを別途整えておく

点」を常に頭に入れておきます。

そのうえで、それぞれのケアに際して、「皮膚が露出している部分」の**「下」から順次確認**します。人は心理的に、「自分の目線の高さ」に集中する傾向があります。「上」から確認すると、「目線の高さ」に近い部分を先にチェックすることになり、そうすると「後の部分（つまり下の部分）」への集中が途切れがちになるからです。

また、特に褥瘡が発生しやすい背中やお尻の下などは、「正面からケアを行なう」中では見えにくくなる部分です。「正面」に立った場合の「下から上へ」の後に、必ず体勢を変えて「見えにくい部分」を意識的にチェックすることを習慣としましょう。

### ▶記録方法と深刻度の判断を事前にルール化

皮膚を確認したうえで、あざや発赤、傷、出血などが見られた場合、以下の内容を記録します。①場所、②大きさ、③状態（色や出血量、傷の深さなど）、④本人の訴え（痛みがあるかなど）です。

そのうえで、①〜③ごとの「深刻度」について、事前に多職種間で「速やかに報告するケース」を取り決めておきます。

なお、褥瘡については、医療・看護職および管理栄養士等による「事前のリスク把握」が必要です。リスクの高い利用者については、見た目が軽度でも、一気に重症化することがあります。その点では、リスクによって「深刻度」を別途設定するようにします。

この褥瘡リスクの把握については、褥瘡マネジメント加算（介護医療院では褥瘡対策指導管理）を算定していれば、要件化されています。ただし、それ以外でも（特に基本動作に関するADLが低い利用者の多い現場では）ルール化することが望ましいでしょう。

# 褥瘡リスクが高い利用者の場合の記録
～褥瘡マネジメント加算の評価様式より～

## 1．褥瘡リスク（危険因子）を評価する

| ADLの状況 | 入浴 | | 「自分で行なっているか否か」（「食事摂取」では、経管栄養・経静脈栄養等は「対象外」） |
|---|---|---|---|
| | 食事摂取 | | |
| | 更衣 | 上衣 | |
| | | 下衣 | |
| 基本動作 | 寝返り | | |
| | 座位の保持 | | |
| | 座位での乗り移り | | |
| | 立位の保持 | | |
| 排せつの状況 | 尿失禁 | | |
| | 便失禁 | | |
| | バルーンカテーテルの使用 | | 「なし」「あり」（尿・便失禁において、バルーンカテーテルや人工肛門等は「対象外」） |
| 過去3か月以内の褥瘡の既往 | | | |

**褥瘡マネジメント加算では、「自分で行なっていない」あるいは「あり」が一つでもある場合は、褥瘡ケア計画の作成の対象となる**

**事前にリスク評価を行なったうえで、「深刻度」を判定できるようにしておく**

## 2．「記録」から「褥瘡の状態」を評価

| 深さ | ●介護職がチェックしたいこと<br>**→「発赤の有無」「あり」の場合は「持続しているか」**<br>●「損傷」がある場合は、その「深さ」を看護職等が評価 |
|---|---|
| 浸出液 | ●「量」について看護職等が評価 |
| 大きさ | ●介護職がチェックしたいこと<br>**→「長径」と「短径」をcmで測定・記録** |
| 炎症・感染 | ●看護職等が評価 |
| 肉芽組織 | |
| 壊死組織 | |
| ポケット | |

**介護職としては、看護職からケアに際しての留意点を受けつつ、日々のケアでチェックした「発赤の有無・持続」および「大きさ」について、看護職等に報告する**

# 現場で必要な介護記録⑩ 認知症のBPSDについて

背景にある環境変化などを発見して、改善を図ることが目的

認知症ケアにおいて、目指されるべきは「BPSD（行動・心理症状）の改善」です。そのために、① BPSD が悪化している状況を速やかに察知し、②悪化している原因・背景を探り、③解決に向けた取組みを計画的に行なうという流れは欠かせません。

流れを機能させるうえで重要なのは、スタートアップとなる①の介護記録です。ただし、記録作成時は「すでに BPSD が悪化している」わけですから、現場のケア負担はまさに進行中です。

つまり、記録を作成した時点で、その情報を②、③へと速やかにつなげるしくみ（ルール）を備えておくことが前提となります。

### ▶認知症の人に関する記録の様式を整理する

①を速やかに「②、③につなげる」ためのルール化を図るとなれば、①の記録も一定の様式を整えておくことが必要です。

認知症ケアに関する記録というと、「利用者の印象的な姿を描き出す」といった描写的なものが思い浮かびがちです。

確かに、「その人らしさ」が現れる瞬間を描くことで、現場における認知症ケアのヒントをつかむことにはつながります。

ただし、この項で述べる「認知症の記録」は、「BPSD の悪化要因を速やかにつかむ」という目的があり、その点では上記の「描写的なもの」とは一線を画すものと考えるべきです。

### ▶DBD13を活用し、記録作成の機会をルール化

では、ここで言う「認知症の BPSD」に関する記録の様式とは、

## 「認知症」にかかる記録の整理と活用の流れ

### Ⅰ．BPSDの悪化要因をつかむための記録

DBD13
（認知症行動障害尺度）
による評価

→ 13項目（127ページ参照）に沿って、「まったくない」「ほとんどない」「ときどきある」「よくある」「常にある」の5段階で評価

科学的介護推進体制加算で、LIFEへの提供が必須なのは5項目

❶「よくある」「常にある」のケース
＋
❷以前と比べて評価ランクが上がったケース（「まったくない」→「ときどきある」など）

→ 具体的に見られる状況
（本人の行動や言葉など）
について記録する
（127ページ参照）

↓

リーダー・管理者が毎日チェック、もしくは記録と同時に
日々のミーティング等で口頭での報告を義務づけ

↓

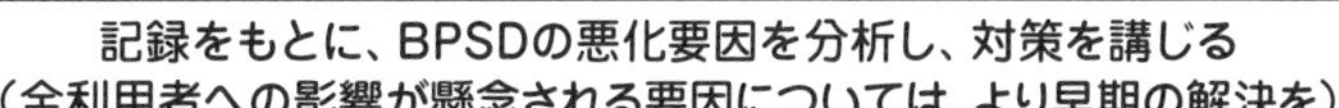

記録をもとに、BPSDの悪化要因を分析し、対策を講じる
（全利用者への影響が懸念される要因については、より早期の解決を）

STEP 2
Vitality Index
（意欲の指標）
による評価

→ 5項目に沿って0～2点の3段階評価（認知症の人以外についても、気になった場合は評価する→MCI〈軽度認知障害〉の発見にも）

↓

❶「0点」が2項目以上見られる、もしくは❷2段階の悪化が見られる
→STEP1と同様に悪化要因を分析し、対策を講じる流れへとつなげる

### 2．「その人らしさ」の瞬間を描く記録

利用者の自立や意欲を高めるためのヒントをつかむために活用する

必要に応じて、「1」のBPSD悪化の要因分析に際しても活用する

どのようなものが望ましいのでしょうか。必要なことは、❶BPSDにかかる一定の指標を定めたうえで、❷❶の評価にもとづいた「具体的な状況」を記すことです。これもルール化を図ります。

❶の指標としては、たとえばLIFE対応での**「DBD13（認知症行動障害尺度）」**を活用する方法があります。この13項目の内容について、まずは「まったくない」「ほとんどない」「ときどきある」「よくある」「常にある」の5つの指標で評価します。

そのうえで、「よくある」「常にある」と評価された項目、あるいは「直近の評価と比べ、いつもより頻度が高い・激しい」といった項目について、その具体的な内容を記録として残します。

このルール化を図ることで、「どんな時に、どのような状況に着目して記録をとればいいか」という現場の迷いを防ぐことにつながります。現場従事者の負担軽減につながるわけでです。

### ▶MCIの早期発見にもつながるVitality Index

DBD13の活用に慣れてきたら、もう一つの指標である**「Vitality Index（意欲の指標）」**も導入してみましょう。

認知症と診断されていない人でも、「意欲低下」はBPSDの悪化と同様の環境要因等がかかわっていることがあります。これを把握することで、事業所・施設における「環境や体制にかかるリスク」を把握することにもつながります。

また、認知症ではない人でも、意欲低下は「認知症の予兆」つまり「MCI」の状態に入っている（記憶の衰え等が進み、物事や人づきあいが消極的になっている）可能性も示します。早期からの認知症ケアを手厚くするための指標とする方法もあるわけです。

## DBD13の評価内容と、悪化等が認められた場合の記録例

① 同じことを何度も繰り返し聞く

② よく物をなくしたり、置き場所を間違えたり、隠したりする

③ 日常的な物事に関心を示さない

④ 特別な事情がないのに夜中起き出す

⑤ 特別な根拠もないのに人に言いがかりをつける

⑥ 昼間、寝てばかりいる

⑦ やたらに歩きまわる

⑧ 同じ動作をいつまでも繰り返す

⑨ 口汚くののしる

⑩ 場違い、あるいは季節に合わない不適切な服装をする

⑪ 世話をされるのを拒否する

⑫ 物を貯め込む

⑬ 引き出しや箪笥の中身をみんな出してしまう

**具体的にどのような内容か？**

例．「私の家の人は、いつ迎えに来るのでしょうか？」

いわゆる「帰宅願望」。その場所（施設など）に居づらくなるような環境要因が生じている可能性に着目する

**起き出す時間は何時頃か？**
**起き出して何をしているか？**

例.「深夜2時に起き出し、居室のドアから顔を出す。いったんベッドに戻るが3時頃また起き出す」

昼夜逆転に加え、居室環境や寝具などに課題はないか。夜間の排尿コントロールがうまくいっていない可能性も

**どんな言葉を発しているか？**
**ののしり方は長く続くのか？**

例．「『私の着換えをいつ持ってくるんだ』と周囲に当たり散らす。約10分おきに同じ言動あり」

「自分になじまない環境（過去の生活歴、職業歴に起因）」が気に障る他、疾患による疼痛や不快感が、周囲への攻撃性を強めている可能性も

Vitality Index については131ページ参照

# 4-12 現場で必要な介護記録⑪ 利用者の意欲や生活状況

## Vitality Index や生活の姿を見る中で、描き出したいこと

LIFEの情報提供の様式を始めとして、利用者の状態を評価するためのさまざまな指標が示されています。

ただし、各指標による評価と利用者の目標との関係については、遠因にはなるものの、必ずしも一致するものではありません。

利用者にとっての目標は、あくまで自尊心を維持·回復させつつ、「自分らしい生活」を取り戻すことにあります。それが現れるのは、本人が主体的に物事にかかわっている「姿」です。

その「姿」、およびそこで発せられる「訴え」を記録することが、その後の支援の方向性を定めるためのヒントとなります。

### ▶主体的な姿を描くことを通じてケアの質を評価

「本人が主体的に物事にかかわる」シーンとは、**「自分から何らかの役割を果たそうとしている」**シーンのことをいいます。

この場合の「役割」というのは、「他者のため」に限った話ではありません。たとえば、食事でも排せつでも、自分で管理したりコントロールしようという意思が垣間見えるシーンがあります。

それも、広い意味で「役割を果たそう（それによって、他者の手を煩わせないようにしよう)」とする姿に違いありません。

となれば、さまざまなケアの場面において、利用者の意思を尊重した「協働作業（従事者と利用者が一緒に取り組むこと)」の中から「主体的なかかわり」は見えてくることになります。

逆に言えば、利用者の姿を描くことは、従事者側が「本人の意思を尊重しているか」を測るバロメーターとも言えるわけです。

## 利用者の「主体的な姿」が現れるポイント例

| 利用者の生活の様子 | 着目したいポイント |
|---|---|
| **朝の起床** 声をかけなくても自分で起きて居室から出てくる<br><br>時間帯や結果としての容姿は気にしない。自ら「何かをしよう」としていることが重要 | ●着替えたり整容しているか?<br>(他者の視線を気にしたうえでの対応)<br>●居室から出て何をしているか?<br>(何かしらの役割を果たす意思に着目)<br>●居室から出て、そこにいる人にどんな声をかけているか? |
| **食事前** キッチンの周辺に移動して何かを探している<br><br>環境設定(台拭きを置くなど)により、本人のしたいことが実現できることも | ●何をしようとしているのか?<br>(テーブル拭き? 配膳の準備?)<br>●何を手にとっているか?<br>(「しよう」としていることを推察)<br>●従事者や、他の利用者に対してどんな声をかけているか? |
| **居室にて** 端坐位から床に降りようとする<br><br>職員は危険防止が最優先だが、本人の気になることを解決しないと繰り返される | ●直前まで何を見ていたか?<br>(床に何かあるのか? 汚れ?)<br>●職員の問いかけにどう答えた?<br>(自ら汚れをとろうとしている?)<br>●職員が支えた時の反応は?<br>(端坐位に戻って再びやろうとする?) |
| **リビングにて** コップに水を入れて廊下を歩いている<br><br>今までしていない行動であれば、本人の新たな役割意識が生じている可能性あり | ●どこに向かおうとしているか?<br>(廊下の途中に鉢植えの花がある)<br>●付き添い職員の問いかけへの答えは?<br>(花に水をやろうとしている?)<br>●習慣化している行動か?<br>(家での生活習慣との関係に着目) |

### ▶イラスト、写真、動画による記録も大切だが…

利用者の主体的な姿を「文章」で描くのは、意外に難しいものです。その姿が本当に「主体的」かどうかを判断するための根拠が、多くの場合、その人の「訴え」に頼らざるを得ないからです。

そのため、どうしてもケアする側の主観が絡みやすくなります。

現場の取組みでは、主観が入らないよう利用者の「訴え」だけを記させるルールとするケースも見られます。

中には「イラスト」で描写させたり、「写真」や「動画」での記録を推奨するというやり方もあります。

これらは、従事者による「利用者への関心」を高めるという点では効果的です。ただし、客観的なデータとして共有し、チーム全体でのケアに活かすという点では、バラつきも生じやすくなります。

### ▶まずはVitality Indexを活用してみよう

大切なのは、たとえば「どんな時に、どんな環境で、本人の主体性が高まるのか」という傾向です。こうした状況を客観的なデータとして示せるかどうかは、どうしても試行錯誤が続きがちです。

そこで、まずは先に述べたVitality Index（意欲の指標）を使って、利用者の生活内において、どのような場面で「意欲の高低」が推し量れるかという状況をつかみます。これを続けるだけでも、利用者の生活を見る目を鍛えることにつながります。

科学的介護推進体制加算での情報提供の必須項目は「意思疎通」だけですが、任意項目まで含めてチャレンジしてみましょう。

## Vitality Index（※）について――どのように活用するか？

●評価項目（点数は、一番上から2点、1点、0点）

- 意識障害、高度の臓器障害、急性疾患（肺炎などの発熱）は評価の対象外（いずれも医療的な対応が優先される）

| 項目 | 選択肢 |
|---|---|
| 1．起床 | いつも定時に起床している |
| | 起こさないと起床しないことがある |
| | 自分から起床することはない |

その人にとっての「定時」とは何時なのか。施設等の時間帯で判断しないことが重要

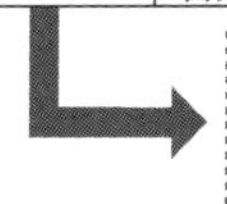

1日の生活のスタートは、その人にとっての「意欲」が凝縮している。生活の姿をとらえる大チャンス！

| 項目 | 選択肢 |
|---|---|
| 2．意思疎通 | 自分から挨拶する、話し掛ける |
| | 挨拶、呼びかけに対して返答笑顔が見られる |
| | 反応がない |

職員側の態度や表情によって変わるものであるという点にも留意が必要

意思疎通は、従事者側の接し方が問われている指標でもある。ケアの振り返りの機会ととらえたい

| 項目 | 選択肢 |
|---|---|
| 3．食事 | 自分から進んで食べようとする |
| | 促されると食べようとする |
| | 食事に関心がない、全く食べようとしない |

食欲はあっても、食べこぼしが気になる…などの本人の心理に配慮したい

食事は、その人の「意欲」をストレートに表わす他、その人の生活歴や嗜好などが推し量れる場面でもある

| 項目 | 選択肢 |
|---|---|
| 4．排泄 | いつも自ら便意尿意を伝える、あるいは自分で排尿、排便を行なう |
| | 時々、便意尿意を伝える |
| | 排泄に全く関心がない |

尿意・便意を他者に伝えることの「恥ずかしさ」にも配慮を

排泄場面は、その人の生来の性格なども現れやすい。尊厳保持のためのケアを探るうえでのヒントとなる

| 項目 | 選択肢 |
|---|---|
| 5．リハビリ・活動 | 自らリハビリに向かう、活動を求める |
| | 促されて向かう |
| | 拒否、無関心 |

その人自身の障害の受容などによって左右されることが多い点に注意

その人の「今の気持ち」にきちんと寄り添えるかなど、これもケアの質が問われる指標でもある

※指標の出典：一般社団法人・日本老年医学会HPを元に作成

# 現場で必要な介護記録⑫ 事故・トラブル等の発生時

2021 年度改定にともない、事故記録の報告様式も示されたが…

介護保険の全サービスでは、事故発生時の状況や事故に際してとった処置について、運営基準上で記録作成を義務づけています。

加えて、2021 年度改定では、介護保険施設におけるリスクマネジメントの強化を図るため、事故の発生・再発の防止に向けた取組みについて**未実施の減算規定**が設けられました。

発生･再発の防止に向けては状況分析が必要ですが、その際には、当然ながらしっかりとした記録を残しておくことが前提です。

### ▶2021年度で定められた報告様式をチェック

ただし、事故報告の基準は、自治体によってまちまちなのが現状でした。国はLIFEを始めとして、介護現場のケアの状況等の情報収集を進めようとしています。そうした中では、国レベルでの情報分析を行なうためのベースが不安定なままといえます。

そこで、2021 年度改定に向けた厚労省の社会保障審議会の審議報告では、「将来的な事故報告の標準化による情報蓄積」を目指すうえで、「国において報告様式を作成し周知する」としました。

これを受けて、国から新たな報告様式が示されました。

もちろん、それまで使用していた様式の使用を妨げるものではありませんが、新たな報告様式の内容が反映されていない部分については、その項目を含めることが求められます。

### ▶事故の原因分析や再発防止策も記す必要が…

大きなポイントは、事業所･施設から市町村への報告に際し、「事

## 国が定めた報告様式と、その記載例について①

※「事業所の概要（事業所名・サービス種別など）」は除く

| | | |
|---|---|---|
| 事故状況 | 事故状況の程度 | ■受診（外来・往診）、自施設で応急処置<br>□入院　□死亡　□その他（　　　　） |
| | 死亡に至った場合の年月日 | 西暦　　年　月　日 |
| 対象者 | 氏名・年齢・性別 | 花山○△　82歳　男性 |
| | サービス提供開始日 | 西暦2020年7月12日　保険者・○○市 |
| | 住所 | 事業所・施設と同じ |
| | 身体状況 | 要介護度3 |
| | | 認知症高齢者日常生活自立度Ⅲ |
| 事故の概要 | 発生日時 | 西暦2022年6月10日　15時30分頃<br>※時間は24時間表記で |
| | 発生場所 | ■居室（個室）　□居室（多床室）<br>□トイレ　□廊下　□食堂等共用部　□浴室・脱衣室　□機能訓練室　□施設敷地内の建物外<br>□敷地外　□その他（　　　） |
| | 事故の種別 | ■転倒　□異食　□転落　□誤薬・与薬もれ等<br>□誤嚥・窒息　□医療処置関連（チューブ抜去等）　□その他（　　　）　□不明 |
| | 発生時状況、事故内容の詳細 | 居室内で花山さんが床に倒れているのをA職員が発見。本人の訴えでは、テーブルに置かれた本をとろうとベッドから離れた際に転倒したとのこと。（以下略） |
| | その他特記すべき事項 | 転倒の瞬間について、職員は見ていない。 |
| 事故発生時の対応 | 発生時の対応 | 施設内の看護職員（B）が状態観察を行ない、頭を打っている可能性もあるため救急外来を受診。 |
| | 受診方法 | □施設内の医師（配置医含む）が対応<br>■受診（外来・往診）　□救急搬送<br>□その他（　　　　　） |
| | 受診先 | ○○病院（連絡先○○-○○○-○○○○） |
| | 診断名 | 右前腕部打撲 |
| | 診断内容 | □切傷・擦過傷　■打撲・捻挫・脱臼<br>□骨折（部位　　　　）　□その他（　　　　） |
| | 検査・処置の概要 | 上腕部視診、頭部レントゲン撮影 |

故の原因分析」や「再発防止策」を記さなければならない点です。

もちろん、現場レベルでは「事故の状況」や「発生時の対応・事後対処」などは記してきたと思います。ここに、組織として記録内容を共有し、分析・再発防止策の検討を行なうことが強く求められることになりました。当然ながら、現場で記録を作成する際も、「共有」という点を意識しなければなりません。

### ▶「ヒヤリハット」の扱いにも注意が必要

現場での作成の有無が分かれる「ヒヤリハット」の報告書についても、事故報告書の標準化を意識することが必要です。

そもそも業界内では、ヒヤリハットの定義が十分に定まっていません。利用者にケガ等の被害が生じなければ、たとえ実際に「転倒」したとしても「ヒヤリハット」として扱う現場も見られます。

しかし、その場ではケガ等が確認できなくても、職員が見ていない間の出来事において、実は「頭を打っていた」といったケースも想定されます。それによって、仮に硬膜下血腫などが生じれば、事後対処が不十分なことにより重大な結果を招く恐れもあります。

その「不十分な対処」を利用者や家族が問題視すれば、訴訟に発展する可能性もあります。その時に、発生時の記録がきちんと整っているかどうかが、**法的な責任を左右すること**もあります。

この点を考えた時、一見「事故ではない（ヒヤリハットである）」と判断したケースでも、きちんと記録をとり、原因分析や再発防止策につなげることが必要です。日常の介護記録から「参照」できる書式など（135 ページ参照）を整えておきたいものです。

## 国が定めた報告様式と、その記載例について②

| | | |
|---|---|---|
| 事故発生後の状況 | 利用者の状況 | 診療後、上腕部の痛みの訴えはあるが、顔色や気分での異常は見られない。職員との会話も円滑にとれる。 |
| | 家族等への報告 | 【報告した家族等の続柄】□配偶者<br>■子、子の配偶者　□その他（　　　　　）<br>【報告年月日】西暦2022年6月10日 |
| | 連絡した関係機関（連絡した場合のみ） | □他の自治体（自治体名：　　　　　）<br>□警察（警察署名：　　　）　□その他（　　　　） |
| | 本人、家族、関係先等への追加対応予定 | 事故発生時および直後の状況・対応について、長男の○○さんに来訪いただき説明予定（○月○日予定） |
| ※以下はリスクマネジメント委員会等を開催したうえで記入 | | |
| 事故の原因分析（本人要因・職員要因・環境要因） | | 例．本人はベッド上の端坐位で読書をする習慣があり、枕の横に書籍を置いている。職員による居室清掃時に、その書籍をテーブルに移動させてそのままにした。清掃後に本人が居室に戻った際、テーブル上の書籍をとろうとしたが、立ち上がりや立位が不安定なため、バランスを崩して転倒した。 |
| 再発防止策（手順変更、環境変更、その他の対応、再発防止策の評価時期・結果等） | | 例．居室の清掃時に本人の備品を移動した場合は、本人の生活習慣を考慮したうえで、元に戻すことを徹底する。備品が置かれやすいテーブルの位置も、本人の立ち座りや立位の状況を考慮して定める。<br>※評価時期・結果については省略 |
| その他、特筆すべき事項 | | 例．居室に戻った利用者が、そこからどのような行動をとるかという習慣を個別に把握することも必要。 |

### 「ヒヤリハット」事例についての記載と参照（例）

**日々のさまざまな介護記録**

「ヒヤリハット」に該当する記録がなされた場合
例．食事中にスプーンを床に落とした際、自ら身をかがめてとろうとして座位からのバランスを崩した。職員がすぐに身体を支え、代わりのスプーンを提供した。

「ヒヤリハット」に該当する状況について下線等を引き、「リスクマネジメント委員会での検討を要望」などと記して報告

委員会で「原因分析」や「再発防止策」を検討したうえで、その結果を「参照事項」として記録に添付する

# 現場で必要な介護記録⑬ さまざまな研修の記録

## 基準化された現場研修が増える中、指導・監査時の証明に必要

2021 年度の基準改定では、大半のサービスで運営基準の見直しが図られました。たとえば、コロナ禍に対応した感染症対策の強化、災害発生や感染拡大を想定した業務継続計画（BCP）の策定の義務づけ、虐待防止の取組み、ハラスメント対策などです（2024 年３月末までの経過措置が設けられているものあり）。

こうしたさまざまな基準の取り決めでは、従事者への研修が義務づけられている内容もあります。BCP 策定を例にあげれば、策定した計画に沿った定期（さらに入職時）の研修や訓練（シミュレーション）を実施することが求められます。

そして、これらの研修等については、**「実施の記録を残すこと」**が厚労省の通知（留意事項）で定められています。行政による運営指導では、この記録を確認文書として示さなければなりません。

### ▶現場ごとに記録の様式・ルールを定める

これら研修等の記録については、厚労省などは特に様式を定めていません。とはいえ、書けばいいというものではなく、現場ごとに一定の様式・ルールを定めておくことが望まれます。

大切なのは、実施した研修についてきちんと振り返り、研修の効果を上げる（あるいは、次回の研修に活かす）ことです。その点を考えた時、以下の３点が重要となります。

①事前の研修計画通りに実施されたか。②研修の効果についての従事者側の評価（アンケートなどを実施）。③②を受けて次の研修に向けて「改善すべき点」はどこにあるか――という具合です。

## 省令や通知で義務づけられている研修にはどんなものが？
～2021年度改定で新たに誕生した基準に、特に注意～

**加算要件で定められている研修**

例. 特定事業所加算やサービス提供体制強化加算の要件となる研修
⇒従事者個別の研修計画を作成し、その計画達成の実績を記録することが必要

**人員基準の緩和を適用する場合等の要件となる研修**

例. 夜間の見守り機器活用での人員基準緩和に際しての「安全体制の確保」
⇒従事者に対するテクノロジー活用に関する教育を行なうことが求められている

**基準上で定められている研修**

例1. 従事者の資質向上のための研修（居宅基準における「勤務体制の確保」）
例2. 身体拘束等の適正化のための研修（未実施の場合の減算あり）

**「研修」実施が定められた2021年度の基準改定項目**

①感染症対策の一環としての研修実施を義務づけ（施設系はすでに基準化）
②業務継続計画（BCP）にかかる研修・訓練の実施を義務づけ
③介護保険施設におけるリスクマネジメント強化（研修はもともと義務づけ）
⇒一定の基準を満たしていない場合には、「未実施減算」が適用される
④高齢者の人権擁護、虐待防止にかかる基準の一環として研修実施を義務づけ

①、②、④については、2024年3月末までの経過措置あり
③については、専任の担当者に「外部の研修」を受けさせるなど
安全対策のさらなる強化が図られている場合の「加算」あり

研修に際しては、計画作成から運営（講師の選定など含む）までを担う担当者を定めることが必要です。事業所・施設の規模によっては１人で担うのは荷が重いので、**チーム制が理想**です。

そして、そのチーム内で記録の作成も行ないます。

### ▶事前にチェックリストとアンケート用紙を作成

上記の①、②のように、記録の軸となるのは「研修の評価」です。注意したいのは担当者の単なる「感想」の記録で終わってしまうと、③の改善に活かすだけの客観的な材料にはならない点です。

そこで様式としては、あらかじめチェックリストを作成し、特に記すべき事項がある場合は「その他」としたうえで、自由書式で記すというスタイルをとることが望ましいでしょう。

研修を受ける従事者へのアンケートについても、「選択式」を基本としつつ、「自由書式」の欄も設けるという具合です。具体的な例については、139 ページの図を参照してください。

### ▶チェックリスト等にもとづいた振り返りを

研修が終了したら、上記のチェックリストとアンケートを集計し、担当チームで「研修の振り返り」を行ないます。

そのうえで、課題や改善点を明らかにし、最終的な記録にまとめます。まとめた記録は管理者に提示するとととともに、ファイリングして、**次の研修計画立案の参考資料**と位置づけます（次の研修計画を作成する際には、必ず参照することをルール化しておく）。

なお、BCP 策定に際しては、訓練（シミュレーション）の実施も義務づけられていますが、これも「チェックリスト」と「従事者へのアンケート」によって評価することが重要です。

## 「研修」を評価するためのチェックリストとアンケート例

### 研修評価のためのチェックリスト

**●当初の計画と照らした場合の評価**

・時間は、計画が想定した通りだったか？

□想定通り　□時間超過あり（　分）　□時間短縮あり（　分）

・研修の内容は、計画で設定した通りだったか？

□ほぼ計画通り　□テーマのズレが目立つ　□テーマの抜け落ちが目立つ

**●研修の進行・状況に関しての評価**

・プロジェクター等の機器類の操作・動作に問題はなかったか？

□問題なし　□部分的に問題あり　□たびたび問題あり

・司会や講師の進行の手際についてはどうだったか？

□問題なし　□部分的に進行上のミスあり　□たびたび進行上のミスあり

・研修参加者の集中の度合いはどうだったか？

□8割以上が集中　□5割以上が集中　□集中できていたのは5割未満

※四六時中、講師に視線を向けていれば「集中できている」と判断

**●その他、今回の研修で気づいたこと（自由書式）**

記載例. 業務継続計画（BCP）の内容解説だけに終始していた。「なぜ、BCPが必要なのか」という点について、現場の実感に沿った実例がほしかった。

担当チーム全員が記載し、振り返り時にすり合わせる

＋

### 研修参加者へのアンケート例

《匿名でOK、ただし大規模施設等の場合は部署・職種の記載を》

**●研修の内容について**

□よく理解できた　□まあまあ理解できた　□あまり理解できなかった

**●研修の時間について**

□ちょうどいい　□長かった　□短かった　（希望する時間　　　　）

**●音声について**

□聞き取りやすかった　□聞き取りにくかった（改善要望　　　　）

**●プロジェクター等の視覚環境について**

□見やすかった　□見にくかった（改善要望　　　　）

**●その他の改善点や今後開催してもらいたい研修について（自由書式）**

担当チーム全員が記載し、振り返り時にすり合わせる

# 4-15 現場で必要な介護記録⑭ 利用者の看取り時の記録

**看取り関連加算で必要になる記録に、記載すべきことは？**

2021 年の人口動態調査によれば、死亡者数は戦後最多となり、しかも「老衰」が死因となるケースが、初めて 1 割に達しました。

まさに多死社会となる中、「最期までその人らしく」を実現することが、介護現場のますます大きなテーマとなっています。

### ▶2021年度改定で看取りケアの評価はどう変わった？

こうした時代背景を受けて、2021 年度改定でも、「看取りケア」の質を評価する加算に重きが置かれました。具体的には、それまでの看取りケア加算やターミナルケア加算について、算定対象が「死亡日 45 日前から」に拡大されました。**より早期からの対応を評価**することで、看取りケアの充実を図ったことになります。

さらに、看取りの対応に際し、**「人生の最終段階における医療・ケアの決定プロセスに関するガイドライン」**に沿った取組みを求めました。先の看取り関連加算の要件にもなっています。

### ▶看取りケアに際して必要となる記録とは？

これら看取り関連の加算等を算定するうえでは、「看取りケア」の実施に際しての記録の作成が必要です。内容は以下のとおりです。

① 終末期の身体状況の変化についての記録

② ①の変化に対して行なった介護等の記録

③ 療養や死別に関する、利用者・家族の精神的な状態の変化の記録

④ ③の変化に対して行なったケアの記録

⑤ 看取り介護のプロセスにおいて把握した利用者等の意向の記録

## 看取りケアに関する記録の作成（その1）

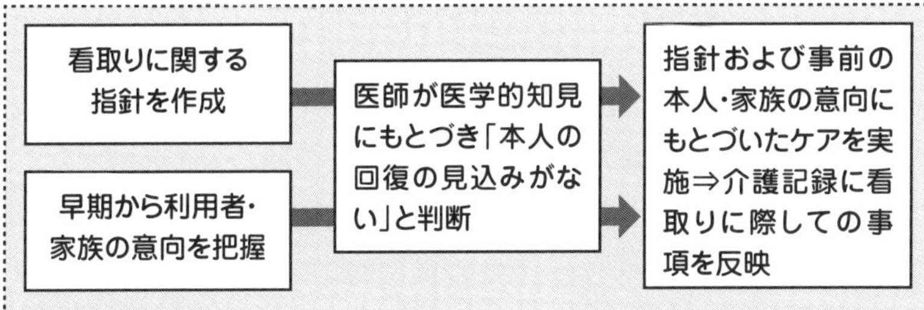


### 1．終末期の身体状況についての記録

《注意したいポイント（例）》

●毎回の食事の摂取状況や管理栄養士による栄養状態の把握
●起居動作など基本的なADLの状況がどうなっているか
●皮膚の状態 ●排泄の状況 ●本人の疼痛等の訴え ●意識混濁など
●その他、疾病ごとのプロセスの特徴に応じた状態の変化

### 2．1の身体状況に対して行なった介護

例.ご本人の背中（患部）の痛みを緩和するために仰臥位をとっているが、同じ姿勢が長時間続くことで褥瘡リスクが高くなるため、看護師と相談して小刻みな体位変換を行なえるエアマットを導入した。ご本人からも「大きな体位変換だと身体がきついが、これなら大丈夫」と喜ばれていた。

例.ご本人の状況⇒ここ1週間は話しかけてもほとんど反応されないことが多かったが、今日はご自身から「今は自分で起きることもできないけど、昔は毎週のようにゴルフをしていた。あの頃は楽しかったな」というお話をされた。

例.ご家族にご本人が話された内容を伝えたところ、「昔の思い出と一緒に過ごせるように」と、当時のゴルフ姿の写真や愛用のゴルフクラブ、トロフィーなどを持ってきていただいた。以後、ご本人が思い出話をするなど発語が増えた。

⑥⑤の意向にもとづくアセスメントおよび対応の記録

いずれも、それまでの介護記録を通じ、「必要な記載事項」として多職種によるチーム内で意識共有を図ることが必要です。

### ▶自事業所・施設の指針にもとづいたケアを記録

上記の①～⑥については、他の記録と同様、一定のルールを定めることが必要です。それは、看取り関連加算の要件でもある**「自事業所・施設における看取りに関する指針」**に沿っていることです。

この指針では、「自事業所・施設での看取りに対する考え方」を始め、「看取りに至るプロセスごとの介護の考え方」や「利用者等の意思確認の方法」、「家族への心理的支援に関する考え方」などを定めなければなりません。つまり、これらの考え方に沿った取組みを行なうことを前提として、その状況を記録することになります。

なお、言うまでもなく、本人・家族の意思確認の方法としては、先のガイドラインに沿って行なうことが原則です。

### ▶終末期のプロセスの特徴を押さえておく

たとえば、終末期においてたどる身体状況の変化というのは、本人の疾病によってある程度予測できる特徴があります。

末期がんを例にとると、ある時点でADL等が急速に低下するという時期が訪れます。この点を医師等の見立てによってある程度予測したうえで、そのタイミングでの経過観察や意思確認を行ない、その結果を記録していくという流れになります。

この点を考えた時、あらかじめ「疾患別の終末期のたどり方」の特徴などについての研修を行なっておきたいものです。

## 看取りケアに関する記録の作成（その2）

**5．看取り介護のプロセスにおいて把握した利用者等の意向の記録**

早期からの身体的苦痛の緩和がしっかり図られていることが前提
⇒医療職等との連携で「苦痛緩和」の取組みを行なう
⇒上記の「苦痛緩和」の取組み内容をまず記録

**そのうえでの意向確認のポイント（例）**

- ●現在受けている医療・ケアについて、どのように考えているか？
- ●自分が過ごしている環境について、どのように考えているか？
- ●現在「している生活」について、本人はどのように考えているか？
- ●本人の終末期における生活にかかる希望 など

医療・ケアの中止の要望などが出される場合もある。それ自体は慎重な検討が必要だが、その時点での「意向」として受け止めることは必要

本人の意思確認ができない状態である場合、家族等による本人意思の推定を尊重。推定できない場合は、多職種と家族が十分に話し合い、本人にとっての最善の方針を模索する

話し合ったプロセスをすべて記録に残すことが必要

**6．5の意向にもとづくアセスメントおよび対応の記録**

5の意向にもとづいた課題分析および目標の設定 → 課題分析・目標にもとづく具体的な支援の方法を設定 → 設定した方法による介護を進めたうえで結果をモニタリング

一連のプロセスを記録として残す（本人・家族への確認なども含む）

コラム

## 家族からの情報開示要求への対応は？

LIFE情報の自主閲覧も可能になる時代を見すえて

**相談員G**　H君どうしたの？　何か困っているようだけど…。

**従事者H**　ご利用者〇〇さんの息子さんから、機能訓練に関する記録を見せてほしいと話がありまして。こうした個別の記録って、そのままご家族等に開示してもいいのでしょうか？

**相談員G**　ご家族からの記録開示の要請があれば、応えなければならないの。これは介護保険法でも定められていることよ。

**従事者H**　そのまま見せればいいのですか？

**相談員G**　「そのまま見せるだけ」では、意味が分からなかったり、誤解を招く恐れもあるけど、一方的に説明が多すぎても「落ち着いて見られない」などの不信も招きやすくなるわね。だから、「ご説明いたしましょうか」「質問があればお答えします」という具合に、こちらのサポートについて、逐一申し出て許可を得るという姿勢が大切ね。

### ◎現場の説明力がますます求められる時代に!?

**従事者H**　どんな時に、ご家族などは記録に関心を持つのでしょう？

**相談員G**　ご本人の状態が芳しくないとか、ADL 等が本当に改善しているのかといった疑問が浮かぶ時かな。ご高齢の人だと、ADL などが短期間で目覚ましく改善するのは難しい場合も多いけど、介護サービスにお金を払っている側としては、過剰に期待する面もあるわね。

**従事者H**　負担割合の引き上げや加算の増加などで、利用者負担がますます増えてくると、そういう傾向も高まりそうですね。

**相談員G**　今、国は個人のスマホで本人の介護情報が閲覧できるしくみ（介護情報の利活用）を検討しているようね。仮にLIFEのフィードバック情報などが閲覧できるようになると、ご利用者の意識もますます変わるかも。

**従事者H**　私たちも、意識して説明能力を高める必要がありますね。

# 第5章

# 【実践編①】新しい介護記録の様式と書き方

# 記録の読み方①<br>時系列の変化から事実を読み解く

「ある一点」だけを見ていても、重要点は浮かんでこない

LIFEに情報を登録すると、その情報を解析したフィードバックを受けることができます。そのフィードバック情報の一つに、利用者の状態について**「時系列での変化」**を示したものがあります。

たとえば、ADL値や栄養状態に関するBMI値などが、時間経過とともにどのように変化しているのかについて、折れ線グラフなどでの見える化が可能になるという具合です。

### ▶変化のタイミングから推察できること

これを確認することにより、長い目で見て、その利用者にどのような変化が起こっているのかを把握しやすくなります。

また、どのタイミングで数値が落ち込んでいるかを確認することで、**「そこで何があったのか」という（他の記録などが示す）事実との照らし合わせ**を行なうことができます。

これにより、利用者のその時々の生活の状況と、状態変化との関連が推測できます。さまざまな環境変化が、利用者の状態に影響を与えている様子もチェックできます。いずれにしても、ケアの改善に活かすさまざまなヒントが取得できます。

### ▶職員のモチベーションを上げるうえでも有効

もっとも、LIFEからのフィードバックを受けなくても、普段の記録から「時系列の変化」をデータ化することは可能です。LIFEからの「時系列の変化」に関するフィードバック情報は、現場でのデータ化の手間を補ってくれる機能に他なりません。

言い換えれば、LIFEを活用していないケースや、LIFEに登録していない情報についても、現場の取組み次第で「時系列の変化」をデータ化することはできるわけです。

大切なのは、「現場にかかる負担」と「ケアの効果」のバランスを考えて、**何を時系列データにするか**を検討することです。

たとえば、認知症でBPSDが悪化している利用者の場合、LIFE上でも用いられているDBD13などの指標ごとの推移を指標としながら、その変化を折れ線グラフなどで示すという方法もあります。BPSD改善に向けたケアを行ないつつ、時系列の変化を見ることにより、そのケアが効果を上げているかどうかが検証できます。

ケアの効果を目で見ることにより、現場の職員にとってはモチベーションを上げることにもつながります。



## 利用者の状態の時系列データをどう活用する？

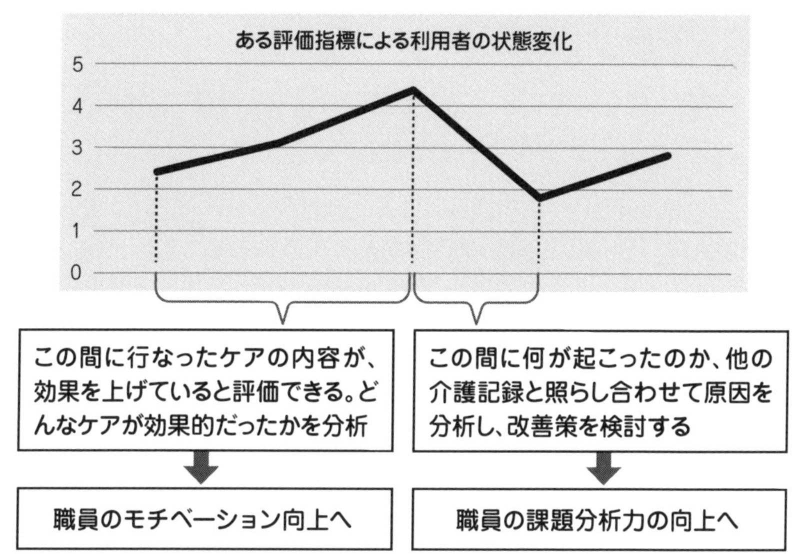

# 記録の読み方②<br>異なる情報を「ひもづけ」する

## 狭い範囲の記録だけに目を奪われると、ケアのヒントがつかめない

人の生活状況は、疾患など身体の内側の状況や外部の環境など、さまざまな条件によって変化します。目の前の利用者の生活上の「困りごと」についても、解決を図るには、「何が困りごとにつながっているのか」を広い視野をもって探らなければなりません。

### ▶たとえば、「食の進み方」に影響を与えているのは？

たとえば、必要な栄養摂取量が確保されていないとして、持病の悪化や生活サイクルの乱れによる食欲低下の他、食事の形態等が口腔の状況に合っていないという要因も考えられます。

また、ADLの状況によって、「うまく食事がとれないこと」が影響していることもあります。さらに、食事をする際の環境（適度な室温、一緒に食事をとる人との関係など）によって、食の進み方が変わってくることも想定されます。

この場合、何が影響を与えているかについて、「食事にかかるもの」以外のさまざまな記録を分析することが必要です。

### ▶その人の「前後の記録」から浮かんでくることも

先のケースでいえば、必要な栄養摂取量が確保されていないとして、まずは「その時の本人の訴えや心身の状況など」にヒントを求めようとするかもしれません。つまり、その時の食事介助の状況にかかる記録をチェックすることになります。

仮に、その時の本人の状況について、特筆された記録がなかったとします。その場合、**次に着目するのが「前後の記録」**です。

たとえば、直近の夜間の状況で、ナースコールの回数が多かったとします。そうなれば、**「何らかの原因で熟睡できていない」**という仮説が浮かびます。熟睡できていない原因を探るうえでは、**日中の活動状況**などについての記録も参考となるでしょう。

### ▶他の利用者の記録がヒントになることもある

ここまでで原因が解明できない場合、次は**他の利用者の生活状況**に関する記録にも着目します。つまり、施設内での何らかの環境要因が影響を与えている場合、本人の記録には反映されていなくても、他の利用者の記録からヒントが見つかる場合もあるわけです。

このように、複数の記録を一つひとつ「ひもづけ」していきながら、広く推理し検証するという習慣を身につけたいものです。



**たとえば、ADL評価の低下について探るとすれば…**

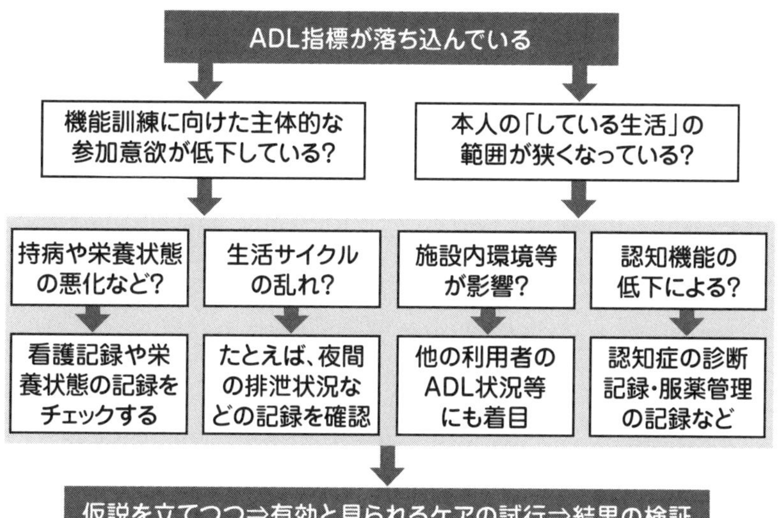

## 記録の読み方③ 環境変化によって浮上した課題を読み解く

利用者の状態だけに焦点を当てても、ケアの質は向上できない

介護記録を読むうえで、利用者の時系列での状態変化や、変化をもたらしている広い要因に目を配ることが必要と述べました。

記録の読み手としては、常に**「時間軸」**と**「空間軸」**を頭に置くことが基本となるわけです。「時間の経過」や「空間の広がり」を意識するとなれば、「利用者本人」だけでなく、「利用者の置かれている環境」もチェックの対象となります。

### ▶複数の利用者が同じ環境下にある場合

代表的なのが、認知症の人のBPSDでしょう。

BPSDの悪化要因には、本人の身体の状態だけでなく、周囲の環境要因が大きくかかわります。たとえば、本人が認識する光景や音・光などの刺激、周囲の人の言動などによってBPSDの改善・悪化がもたらされることは、現場でも数多く経験されているはず。

注意したいのは、施設など多くの利用者が一つの空間を共有しているケースです。その場合、同じ環境下にある利用者全員に、同じ影響がおよんでいることが考えられます。

ということは、ある特定の利用者について、BPSDの変化が把握された場合、**同じことが他の利用者にも起こっている可能**性があります。人によってBPSD等の現れには差がありますが、少なくとも同じリスクが高まっていることを意識しなければなりません。

### ▶同時期の他の利用者の記録もチェックする

この点を考えた時、ある利用者の記録をチェックする中で、以下の思考を展開させることが必要になります。

①ある利用者についての記録を読みながら、その人の状態に「どんな環境が影響を与えているか」を考える。

②その「環境」が、他の利用者にも「何らかの影響を与えているのでは」という可能性を頭に入れる。

③②を頭に入れながら、他の利用者の記録もチェックする。

すでにチェック済みの記録でも、「影響があるかもしれない」という仮説を頭に入れながら読むと、見逃していた課題などに改めて気づくこともあります。この時、仮に利用者を通じて「同じタイミング」で変化が生じていることに気づけば、やはりそこには何らかの環境面の課題が潜んでいることになります。

環境面の課題は、施設全体の危機にもつながります。先の①～③は、管理者クラスも参加して行ないたいものです。



### 「その人に影響を与える環境」が想定される場合の記録チェック

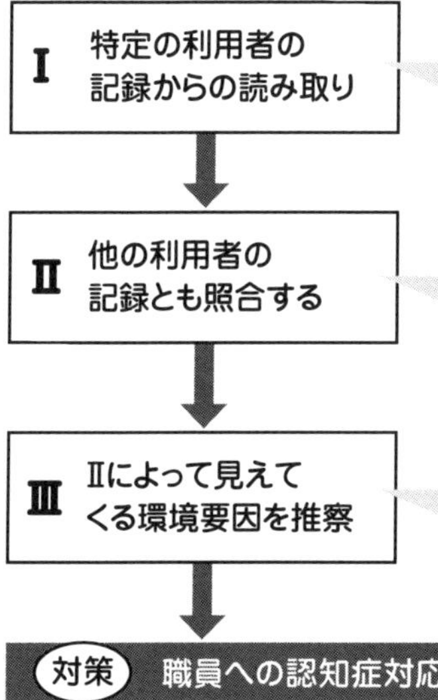


ある時期から、A さんが日中やたらと歩き回ったり、一人で外に出ていこうとするケースが目立っている。
直近までは穏やかだったのに。なぜだろう？

Aさんの不穏な言動が見られるようになった時期、他のご利用者の様子はどうだったか？やはり何かしらの変化は見られただろうか？

この時期に起こったのは、ベテラン職員が一人辞めて別ユニットの職員が異動してきたこと。なじみの関係が十分築けておらず、現場の空気を変えた可能性もある。

**対策** 職員への認知症対応にかかる振り返り研修などを実施する？

# 5-4 記録の読み方④ 自由記載・備考欄をどのように読む？

書き手の立場になり、主観を排除しながら記述の背景に迫る

介護記録の取扱いで、高度なスキルを要するのが、**自由書式による記述や備考欄の記載**をどのように読むかという点です。

自由書式でも、「記載方法」には現場ごとに一定のルールは定められているでしょう。たとえば、出来事のタイミングや場所を正確に記すこと、客観的な事実を積み重ねること――という具合です。

しかし、このルールを順守するには、書き手が十分なアセスメント力を培っていることが必要です。その点が不十分だと、つかみきれない「事実」を補うために「主観」が入り込みがちです。

### ▶「主観」の記載を「事実」と受け取っていないか

問題は、「主観」で書かれた部分を、読み手が「客観的な事実」と受け取ってしまうことです。そのまま「事実の検証」がなされないと、チーム内で「どのように対処すべきか」を検討する際の「誤った前提」となりかねません。これは大変に危険なことです。

たとえば、「Ａさんが普段は仲のいいＢさんと口論したため、Ａさんは不機嫌となり、こちらの問いかけに応えてくれない」という記録があったとします。これを「普段仲のいい人と口論」⇒「本人が不機嫌になる」⇒「職員の問いかけに応えない」というストーリーで受け取ってしまっていいのでしょうか。

上記では、「口論したため」⇒「不機嫌」という記載になっています。しかし、この**「～したため」**、そして**「不機嫌」**というのは、「書き手の主観」という可能性が十分にあります。前後の事実を、「きっとそうに違いない」という主観のもとでまとめていることが

考えられるわけです。

### ▶主観に惑わされると重大リスクを見落とすことも

この「主観の入り込み」を読み解かないと、「隠れている事実」に気づかないままとなりがちです。

仮に、「〜したため」と「不機嫌」が主観による思い込みであったとします。そうなると、「問いかけに応えない」という状況には別の要因が隠れている可能性が出てきます。たとえば、反応の鈍さは何らかの疾患（熱中症や脳梗塞など）が背景にあるかもしれません。

そうなれば、重大な疾患を見逃すことにもなるわけです。

一見、「事実」を記しているように見えても、実は「主観」であるという部分を見抜けるかどうか。リスクマネジメントの観点からも、こうした「見抜く」スキルを鍛えることが大変に重要です。

## 記録の読み方④ 自由記載・備考欄をどのように読む？

**ケース1　あいまいな事実のもとに因果関係を構成**

例.「手すりがうまく握れず、立ち上がりの際にふらついた」

「うまく握れていない」のをどのように確認したのか。そのあたりがあいまいなまま、「立ち上がりのふらつき」の原因と断定してしまっている

**ケース2　実際は「見ていない」ことを断定表現**

例.「居室内のテーブルの角にぶつけて、上腕部にアザができた

「ぶつけた」現場を見ていたのか。
本人が話しているだけではないのか。
仮に事実と異なっていれば、アザの原因が別にあることの想定も必要

**ケース3　拙速に「原因」を集約してしまう**

例.「自助具がうまく使えず、食事に時間がかかっている」

「食事に時間がかかっている」のは、自助具の問題だけか。
安易に「原因」と「結果」を結びつけず、前後を独立した事実として記すことが必要

# 記録の読み方⑤ 記入者と利用者の関係性に注意する

ケアを手がける職員によって、利用者の意欲・活動も変わる!?

利用者の生活状況や認知症のBPSDなどが、日によって大きく変わることがあります。時系列で見た場合に波が大きいわけです。

記録の読み手としては、そこにどのような環境要因があるのかを探ることになるでしょう。注意したいのは、その「環境要因」の一つとして、**その場でケアに携わる職員（記録の書き手）と、当の利用者との関係性**にも思いをめぐらせることです。

### ▶「相手が誰か」によって本人の心理が左右される

たとえば、認知症の中核症状の進行によって周囲に対する不安や警戒感が高まっている人でも、特定の職員が向き合うことで落ち着くことがあります。もちろん、その職員の認知症対応スキルの高さによることも多いですが、それ以外の要因もあります。

本人の立場になってみると、声のトーンや表情などがその人の長期記憶のどこかで重なり合い、なぜか不安や警戒感が解消されることもあります。これを「相性」と呼べるかどうかは別として、**「相手が誰か」**という点が本人の心理を左右しているわけです。

この点を考えた時、そのケアの場面における「記録の書き手は誰か」を常に確認することが必要です。

仮に「この職員が向かい合う時は、落ち着いている傾向がある」という法則が浮かんだとしましょう。その「関係性」が築かれているケースだけを取り上げれば、そこでの「変化」を見る中で「何が影響しているか」を絞りやすくなります。

▶少なくとも「気になる書き手」に当時の状況を聞く

このことは、認知症のBPSDなどに限った話ではありません。

食事についても、一人で食べるより「誰か」と食べた方が食の進みがよくなるというケースを聞くことがあるでしょう。

介護現場でも、相性のいい「誰か（職員や他の利用者）」が食卓を共有することで、本人の食事摂取量が多くなることがあります。この関係性を頭に入れておくことで、「それでも食事摂取量が落ちている」となれば、低栄養リスクが重大であると考えられます。

もちろん、記録の書き手が「その人と向き合っている職員」であるとは限りません。あくまで仮説としたうえで、気になる記録の書き手を確認し、その書き手に「その時の状況（誰がケアを手がけたのか、など）」をヒアリングするようにします。

記録をただ読むだけではなく、少なくとも当事者の話から「現場の状況」を再現していくという習慣を持ちたいものです。

### 記録を読む際には「書き手」にも注目する

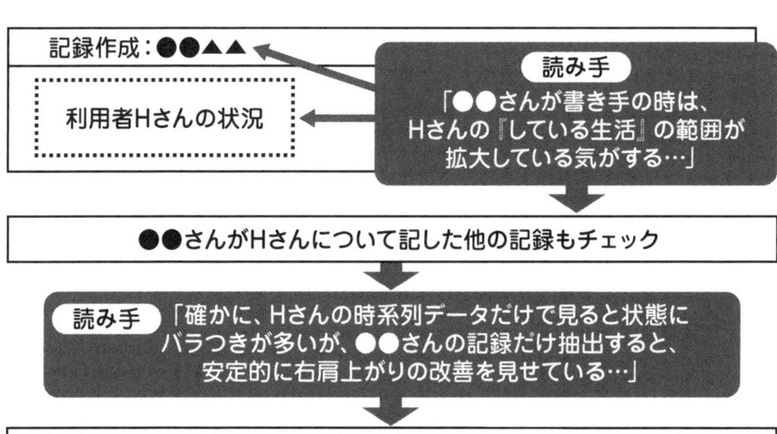

# 5-6 記録の活かし方①　見えにくい課題・リスクの発見と対応

**経時データとひもづけデータからカンファレンス開催につなぐ**

ある一点の記録では見えにくい課題も、データを時系列で精査したり、異なる記録をひもづけする中で浮かび上がることがある——ここまでの「記録の読み方」で述べてきたことです。

問題は、特定の読み手だけが気づいても、それをチーム全体で共有してケアの見直しに活かせなければ、意味がないことです。

そこで必要なのは、いくつかのルールです。それは、①「気づいたこと」の**検証ルール**⇒②「検証結果」についての**報告ルール**⇒③「報告」を受けての**検討会ルール**⇒④「検討」を受けてのケアの見直しやその実践のための**体制づくりのルール**です。

### ▶管理者・リーダーの報告にも必要な「様式」がある

①ですが、たとえば経時データを見て、ある部分のADL低下に気づいたとします。問題は「その背景・要因」ですが、ここで憶測が広がりやすくなります。課題解決の妨げになりかねません。

そこで、経時データから「仮説」を立てた場合、それを検証するためにどのデータとどのデータを確認するべきか。この検証フローのモデルを定めておくことが必要です。

次に①で検証したことについて、管理者・リーダーに報告します。その際に、「どのように報告するか」が②のルールです。

たとえば、「なぜ最初の仮説が出てきたか（その根拠となったデータは何か）」⇒「どのように仮説を検証したか（その時に活用したデータは何か）」⇒「結果として想定される課題は何か」——こうした報告の手順を定めておくことが必要です。

### ▶カンファレンスの開催も参加メンバーの設定が

そのうえで、管理者・リーダーが検討会（カンファレンス）の開催を判断します。この時にもルールが必要です。これが③です。

たとえば、「緊急を要するか否か」、あるいは「どのような職種・役職が参加すべきか」、「リスクマネジメント等、既存の委員会にかけたほうがいいかどうか」など。この判断フローも定めておきます。

検討の結果、「ケアの見直し」が必要となった場合、その見直し内容によっては、体制や環境を立て直すことも必要です。

そのためには、誰が指示者となって、どの職員・チームに任せるのか、その効果を評価するのは誰か——なども定める必要があります。これが④のルール化ということになります。

場合によっては、職員のシフトを変えたり、新たな手当等をつける必要も出てくるかもしれません。慎重なルール化が必要です。

## 「記録」を「ケアの見直し」につなげるまでの4つのルール

**ルール1**　「記録の読み手」が守るべき検証ルール

①特定・複数のデータ（記録）から「仮説」を立てる
②「仮説」を別のデータ（記録）で「検証」する
③検証の結果、「仮説」が正しいかどうかを「自己評価」する

**ルール2**　「記録の読み手」が守るべき報告ルール

①「仮説」の内容とその根拠となったデータ（記録）は何か？
②どのように「仮説」を検証したか。そこで使ったデータは？
③「検証」の結果、どのような「課題」があると判断したか？

**ルール3**　報告の受け手による検討会開催のルール

①開催の緊急性はどの程度高いか？ いつ行なうべきか？
②検討会の参加メンバーの職種・役職の範囲はどこまでか？
③既存の委員会などに付託した方がいいか？

**ルール4**　ケアの見直し・実践のためのルール

①検討会の決定を誰に、どのような手段で周知するか？
②ケアの見直しに向けた体制・環境づくりをどう進めるか？
③体制・環境づくりのためのコスト等をどう設定するか？

# 記録の活かし方②<br>利用者の新たな可能性につなげる

記録を活かす際に、利用者のポジティブな面に注目する

前項で、記録を活かすためのおおまかな流れと、各ステップでのルール設定について述べました。ここでは、その全般の流れを通じて、チーム全体で共有したいポイントを取り上げます。

それは、**利用者のポジティブな面**への意識的な着目です。

### ▶本人なりに「補おう」としている姿に注目

記録を通じた課題分析では、どうしてもネガティブ面の解決に思考が集中しがちです。確かに「困った状態」を解消することは重要ですが、それだけでは真の課題解決にはなかなか至りません。

利用者のある場面でのADL低下が認められたとします。

その場合、機能訓練等でその部分のADLの回復を図りつつ、介助等のサポートをどう図るか…という流れになるでしょう。

ここで、もう一つ見定めたいのが、本人自身が「その部分のADL低下」を何らかの方法で「補おう」としている姿です。

### ▶その分析は、主体的な行為の自立につながっているか

たとえば、連続的な歩行距離が短くなった時、本人としてはいったん廊下の端にある椅子に腰かけて休憩し、そのうえでまた歩き出すという行動をとっているとします。

その際、歩行の途中で「椅子での立ち座り」という新たな行動が生じます。そのインターバルがあることで、その人なりに「自分の力で歩きたい」という意向をかなえることができるわけです。

この「本人なりの新たな行動」に着目した時、「では、廊下の椅

子での立ち座りが円滑に行なわれるようにするには、どうしたらいいか」という思考が必要になります。

「歩行機能の低下をどうするか」だけでなく、そこで新たに生じている**主体的な行為の自立支援**へと視野を広げるわけです。

### ▶誰にとっての「困った状態」なのかを振り返る

そもそも、先に述べた「困った状態」というのは、誰にとっての「困った状態」なのでしょうか。「もちろん、それは本人にとって」となるわけですが、ともすると「職員の立場」から見ての「困った状態」だけで課題分析を進めてしまうこともあります。

先のケースでいえば、本人にとっては「椅子からの立ち座りが安全にできるかどうか」が「困った状態」なのかもしれません。

こうした「本人視点」を落とさないことが重要です。

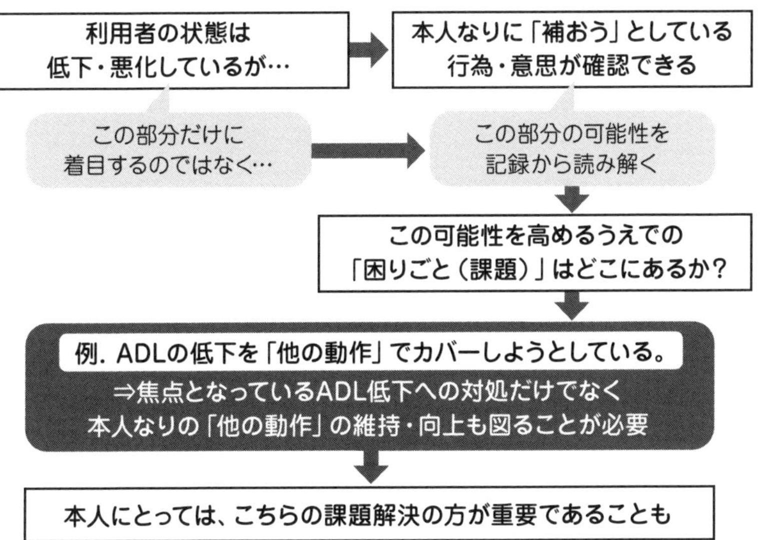

# 5-8 記録の活かし方③ 多職種の視点を活かした分析を

記録をチームで精査する中で、心がけたい専門職の知見活用

記録から浮かぶ課題に対し、リーダー・管理者等の呼びかけで検討会を行ないます。その際、「どのような職種・役職に参加を求めるか」のルール化を図りたい旨を述べました（156ページ参照）。

ただし、このルール化は簡単ではありません。

たとえば、記録から「ADLに関する課題」が浮上したとしても、そこには利用者の「栄養」にかかる状況も絡んでいることがあります。となれば、管理栄養士等の参加も必要となります。

そうした状況を考えると、検討会（カンファレンス等）の開催を呼びかける側としては、事前に一定の課題分析を行ない、**「解決すべき範囲の広がり」**を見立てておくことが求められます。

### ▶多職種参加が難しい場合に、どのような方法が？

もちろん、組織の状況によっては、幅広い職種への呼びかけ自体、簡単にはいかないこともあるでしょう。

介護現場では、医師やリハビリ専門職、管理栄養士、歯科衛生士などの職種を「常勤」で採用することは難しく、外部機関との委託契約などになるケースもあります。そうした中で、臨時の検討会の参加などを求めるのはなかなか困難です。

もちろん、昨今ではオンラインで意見を求めるというやり方もあるでしょう。それでもスケジュール調整が難しい場合は、内部の介護職、看護職、相談援助職などで一次検討会を開き、**外部の専門職に照会すべき内容**を整理しておくことが必要です。

### ▶その後の外部連携などを円滑化するために

たとえば、一次検討会で、機能訓練の見直し案などを取りまとめたとします。そこで、①リハビリ職には「その機能訓練が有効か」を、②医師には「その機能訓練を行なう場合の留意事項」を確認します。③また、一次検討で「ADLと低栄養リスクの関係」が課題として浮上している場合は、管理栄養士にも確認をとります。

この連携で重視したいのは、上記のような確認だけではありません。各専門職に照会する中で、一次検討では浮かんでこなかった課題が、各専門職の分析によって浮上してくるケースです。

こうした部分について、「新たな現場の知見」として共有するしくみを整えておきましょう。たとえば、課題ごとのデータ・ファイルを作成し、そこに蓄積しておけば、次の同様のケースが発生した場合に現場の課題分析力を高めることができます。

そうした業務風土を築くことで、外部の専門職の信頼を高め、その後の連携をスムーズに行なうための潤滑油とすることができます。

**外部職種との連携を円滑に進めるために**

リーダー・管理職が記録から「課題の広がり」を見立てる

例.「低栄養リスクについて、食事にかかるADLも関係しているのでは?」
「食欲が服薬状況とかかわっていることはないか?」

内部の職種による一次検討会で、上記の見立てについて話し合う

関係する外部の専門職への「照会事項」を整理する

ICT等も活用しつつ、各専門職に意見照会を行なう

意見照会の結果、一次検討で気づかなかった知見については、
課題別のデータ・ファイルとして保存。次回から検索可能に

# 5-9 記録の活かし方④ 多職種分析を経て当初計画を見直し

**記録検証から見直しまでの過程を、「見える」化することが大切**

記録を検証し、浮上している課題を多職種で分析したとします。次に、その分析結果に基づいて、当初のケア計画の見直しを図ります。この「見直し」によって、PDCA サイクルが完結します。

たとえば、関節の可動域が狭くなって、着衣・脱衣における自立の範囲が狭くなっている人がいるとします。当初のケア計画では、着衣・脱衣は「見守り」だけでしたが、多職種による分析を経て、新たな計画を立案するという流れになります。

具体的には、①リハビリ職による可動域訓練を行なう。②①を続けつつ、着衣・脱衣に際して「自分でできる範囲」を見極める。③②に基づいて、見守りと介助の範囲・方法を設定する――となります。これを新たなケア計画に位置づけるわけです。

### ▶「見直し」の「根拠」が明確になっているか

ここで重要なことが、３つあります。

１つは、課題分析の結果が「見直し」の「根拠」として、きちんと落とし込めているかどうかです。

上記のケースでいえば、着衣・脱衣のケアの見直しが出てきた背景として、「関節可動域の変化」があります。この要因が、可動域訓練や見守り・介助の範囲設定の「根拠」とされています。

しかし、それだけでしょうか。ここで注意しなければならないのは、関節可動域の変化が**本人に与える心理的な影響**です。

本人にとって、それまで「自分でしていた部分」に介助が入ることで、「自分でできないこと」への悔しさや諦めの心理が浮上する可能性もあります。つまり、本人のQOL（生活の質）への影響に配慮したケアのあり方も重要になってくるわけです。

となれば、「関節可動域の変化」に加えて、そこで生じている「本人の訴え」や「している（しようとしている）行為の変化」も「ケアの根拠」に位置づけていくことが必要です。

**▶見直しにかかる、本人・家族との合意形成について**

２つめに重要なことは、法令上でも義務づけられている「ケアの見直し」に関する本人・家族への説明です。

ここで、本人・家族との合意がしっかり形成されるかどうかが、「ケアの見直し」の効果を大きく左右します。つまり、合意形成に向けたコミュニケーションのあり方が問われるわけです。

ここで、十分に合意が形成されないとなれば、その時点で「見直し計画」をさらに「見直す」ことも必要になるかもしれません。

**利用者・家族との「計画見直し」の合意をどう作るか？**

| | |
|---|---|
| ❶現在、浮上している生活上の課題、および前計画の目標の進捗状況などを説明する | 時系列データや人体図、画像など、視覚的に分かりやすい情報提示の方法を工夫しながら「見える化」を |
| ❷状態悪化や目標進捗の滞りなど、ネガティブな内容を伝えるための環境を整える | 本人・家族にとってなじみのある相談援助スタッフが、本人の自立に向けた可能性を前面に出しながら説明 |
| ❸本人・家族にとって「自分たちはどうすればいいか」が理解しやすい道筋を示す | 職員、本人・家族は何をするかを簡潔な箇条書きに。標語のように頭に残りやすいスタイルを意識 |

例.「1日1回手指の運動。スタッフの掛け声に合わせてご一緒に」
（実際の運動の様子をイラスト、動画で示しながら）

仮に合意形成されたとしても、見直し直後に本人・家族の訴えや反応を確認・記録することは不可欠です。場合によっては、短期間で評価をかけつつ、やはり再度の「見直し」も求められます。

### ▶合意形成なども含めた「経過」を記録する

３つめの重要点は、多職種による分析からケアの見直し、合意形成、その後の評価までの流れを、やはり記録として残すことです。

多職種によるカンファレンスの議事録・要点などは、法令にもとづいて記録化されているでしょう。加えて、先に述べた２つの重要事項——①見直しの「根拠」が明確になっているか、②本人・家族との合意が確かに形成されているか——も記録化が求められます。

たとえば②について言えば、「見直し案に署名をもらうだけ」というのでは記録になりません。少なくとも、本人・家族への説明を通じて、**どのような意向が発せられたか**の記載が必要です。

さらには、見直し直後の短期評価の中でも、「本人・家族の意向」をそのつど記録に残すことが望まれます。

こうした経過の記録というのは、ともすると「指導·監査のため」が目的化してしまいがちです。しかし、忘れてはならないのは、「現場のケアの質を上げる」ための貴重な資料という位置づけです。

ケアの質の向上に必要なのは、「なぜ、そのケアに至ったのか」という理解を組織で共有することです。そのためには「経過」を知るための材料が欠かせません。極端に言えば、この経過記録の充実こそが、その事業所・施設の価値に直結するともいえます。

# 「ケア計画の見直し・実践」までの経過をどう記録するか？

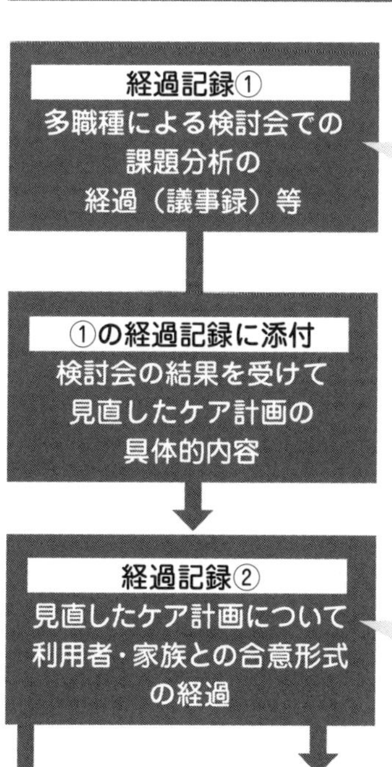


- ●検討会の議題（検討のテーマ）を記す
  例.「起居動作のADL変化の要因と、自立支援のためのケア計画の見直し」
- ●利用者の現状についての状況報告
- ●参加者による課題分析の要約
- ●ケア計画見直しについての合議内容

- ●利用者・家族への説明にかかる概要
  - ・日時・場所・参加者名・説明担当者名
  - ・利用者・家族への具体的な説明内容
  - ・説明に際して活用した資料・計画案
- ●利用者・家族からの訴えや質問
  - ・質問に対する回答内容も記す

合意が得られない場合は、再検討および再度の合意形成の経過を記録

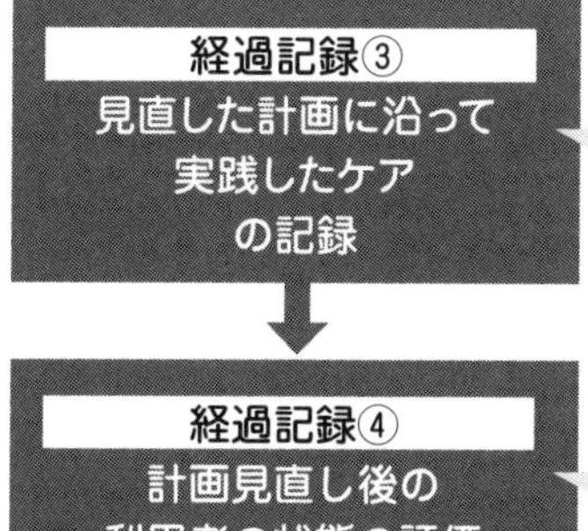


例① 機能訓練をどのように進めたか？
例② その際の利用者の訴え・状況は？
例③ 利用者の主体的な行為の状況は？
例④ 新たなリスク等の浮上はないか？

- ●利用者の新たな課題や目標設定にもよるが、見直し直後の短期評価を記録
  例. 1週間⇒10日⇒1か月など
- ●評価者と活用した指標なども明記
- ●利用者の訴え・生活状況の記録も

評価内容について、特に検討会等を実施した場合は、その記録も

# 記録の活かし方⑤ ケア計画見直し後の利用者評価

見直し後のケアの結果は？　評価する際の目の付け所は？

ケア計画を見直し、新たな計画に沿ったケアを実践した場合、「その結果がどうだったか」を評価することが必要です。

前項では、評価のタイミングについて、**見直し直後は「短期（短いサイクル）」での見直しが求められる**と述べました。新たな計画に何らかの問題がある場合、その状態を一定期間放置することは、利用者の状態などを逆に悪化させかねないからです。

## ▶見直し前後の比較、まずは指標活用から

では、その短期評価の方法はどうあるべきでしょうか。

視点は３つあります。１つは、計画の見直しにつながった課題について、関連した指標を用いた測定を行なうこと。２つめは、その際に、利用者の「している・しようとしている行為」から意欲や可能性（およびリスク）の高まりを評価すること。３つめは、ケアを担う従事者側の負担がどうなっているか――についてです。

１つめですが、たとえば栄養関連の課題であれば、低栄養リスクや栄養摂取量の指標などを用います。こうした指標をもって、計画見直し前の値との差を測定します。

## ▶利用者のどんな行為に着目？　従事者への負担は？

２つめですが、これは指標という数字に現れない部分への着目です。ただし、「どこに着目するか」という目ぼしをつけておかないと、いわゆる定点観測という点では不十分となります。

たとえば、「している・しようとしている行為」であっても、ど

んな場面での行為に着目するのかは、計画見直し時の検討会でマニュアル化を図っておくことが求められます。

特に頭に入れておきたいのが、３つめの「従事者の負担」についてです。この視点が大切な理由は２つあります。

１つは、仮に「利用者の状態」について一定の効果が認められたとしても、特定の従事者に大きな負荷がかかってしまうと、継続的なケアの効果が望めない恐れが出てくるからです。その場合、シフトなどの担当者編成を考える必要もあるでしょう。

もう１つは、移乗や起居動作などの介助では、自立に向けて利用者の「協力動作」の度合いがポイントになることがあります。

仮に従事者に負荷がかかっているとすれば、はた目からはうまくいっているように見えても、そのケアには問題がある可能性もあるわけです。そのあたりを評価するうえでも、従事者にどれだけの負担がかかっているかを知ることが重要になります。

### 計画見直し直後の「評価」の３つの視点

**STEP1　計画見直しにつながった課題に関する「指標」を活用**

例１．栄養関連課題⇒低栄養リスクの指標、栄養摂取量の指標など
例２．認知症BPSD⇒DBD13やVitality Index など
※課題が複合している場合は、複数の指標で測定（チームで対応）

**STEP２　利用者の「行為」から浮かぶ意欲や新たな可能性**

●あらかじめ、利用者のどのような「行為」に着目するかを定める
例．寝返り動作⇒体位交換が自分でできなくても、ベッド上で「何かしらのアクション」を起こしたり、その予兆となる動き等はないか

**STEP３　計画見直し後のケアにかかる従事者の負担**

●計画見直し後のケアを担当した従事者にヒアリングを行なう
例．力の入れ具合などで「勝手が違う」と感じる場面はないか、心身のダメージを受けているといった実感はないか など

コラム

## 記録を土台に多職種から何を学ぶ？

異なる職種の「目の付け所」を意識することが必要

**従事者I**　ご利用者Jさんのカンファレンス、今終わりました。

**管理者K**　お疲れ様。今日のテーマは、「誤嚥性肺炎の既往歴があるJさんの口腔衛生管理」について、現状の課題を分析することだったね。

**従事者I**　そうです。今日は外部の歯科衛生士さんにも参加していただきました。Jさんは既往歴がある方なので、口腔ケアには特に力を入れているのですが、ご利用者の各種記録からリスクを読み取るうえで、まだまだ見落としていた点があることに気づきました。

**管理者K**　たとえば、どんな点を見落としがちなのかな？

**従事者I**　新型コロナウイルス感染症の拡大で、ゾーニングを行ないつつ、Jさんの居室変更などを行ないましたよね。歯科衛生士さんから、そうした環境変化がリスクを押し上げることがあると聞きました。

### ◎「第三者視点」での指摘がとても重要に

**管理者K**　確かに、大きな環境変化が注意力の低下をおよぼしたり、嚥下をつかさどる神経系統に微妙な影響を与えるなど、誤嚥リスクを高めることがあるよね。そのことを意識できているかどうかで、口腔ケアに対する取組み方も変わってくるだろう。

**従事者I**　感染拡大の時は、現場はとにかく慌ただしさが増していたので、職員側もなかなか気が回らなかったりしていたかもしれません。そうした点を外部の専門職に指摘していただけることで、私たちの取組みへの意識も大きく変わるなと思います。

**管理者K**　他職種からの意見というのは、それぞれの専門性だけでなく「第三者的な視点」で指摘してもらえるというメリットもあるね。

**従事者I**　多職種連携には、そうした重要性もあるんだと実感しました。大変に勉強になりました。

# 第6章

# 【実践編②】新しい介護記録のケアへの活かし方

# 6-1 体制づくりに向けた「道のり」を描く

## 現場にひずみを生まないための「テイクオフ」の入口

科学的介護の導入によって、現場での記録のあり方を見直すとします。問題は、新たな記録のしくみが、現場にきちんとフィットするかどうかです。この調整が不十分だと、現場従事者に大きな負荷がかかり、さまざまな混乱をもたらしかねません。

そこで必要なのは、「新たな記録のしくみ」を導入する前に、スムーズなテイクオフのための道筋（工程表）を描くことです。

### ▶ステップ1　現状の記録をめぐる実態把握と課題分析

まずは、おおまかな工程表のあり方を確認しましょう。

大切なのは、その現場の特徴に合った「テイクオフ」のあり方を探ることです。ですから、最初に必要となるのは、その現場ならではの**「記録にかかる職務風土」**を明らかにすることです。

たとえば、これまで行なわれてきた「記録」という実務について、現場の従事者はどうとらえているでしょうか。「やらされ感」だけが先行していれば、新たなしくみを導入しても、同じことの繰り返し（慣れない分だけ「やらされ感」が増す）になりかねません。

その他、記録を実際のケアに活かせているかどうか。すでに何らかのICT等のテクノロジーが導入されていれば、従事者によっての習熟度はどうなっているのか――など。

また、新たな記録のしくみを現場のケアに活かすうえでは、現状でのケアの流れ、つまりPDCAサイクルがきちんと機能しているかどうかを評価することも必要です。

以上のように、「記録」をめぐる現場状況について、実態の把握

## スムーズな改革に向けた「介護記録工程表」（例）-1

**STEP 1　現状の介護記録をめぐる実態把握と課題分析**

**実態把握**

- 現場従事者へのアンケート・ヒアリングを実施
- 介護記録にかかる時間をタイムスタディで確認（ICTの習熟度等も評価）

例．介護記録を書くことで、どんなメリットを感じている？ メリットが乏しいと感じる介護記録の種類は？ 介護記録を書く際に苦労していることは？ など

**課題分析**

- 現状の記録ごとに、ケアに活かせている・いないを分析
- PDCAサイクルが機能しているケア・いないケアを分析

例．過去のケース検討の議事録などを見返して、ケアの改善に活かせている記録・いない記録の傾向などを明らかにする など

**STEP 2　課題分析にもとづいて当面の取組みを計画・実施**

従事者の記録作成スキルやICT等の習熟にバラつきがある場合

記録作成やICT習熟の平準化を図るための研修を進める

ケアの改善に向けたPDCAサイクルの稼働に課題がある場合

多職種による情報共有や検討等、組織運営のあり方を見直す

複数の記録がバラバラに記されていて、課題を読み取りにくいなど

各記録をどのようにつなげるか等、ひもづけのしくみを見直す

**STEP 3　当面の取組みを評価しながら、様式・ルールを設定**

STEP 2 の効果について、まず評価する

上記の評価を進める中で、既存の「記録の様式・ルール」をどのように見直せば、もっと効果が上がるかを検討する

今活用している記録の様式・ルールの見直し

（173ページへつづく）

と課題の分析を行なうことがスタートラインとなります。

**▶ステップ2　現状の課題解決に向けた取組みの実施**

上記で「現場の課題」が明らかになったら、その課題解決に向けた取組みを工程表に記します。

たとえば、特に必要な研修は何か。それを具体的に、どのように進めるのか。従事者によってICT等の習熟にバラつきがあるようであれば、個別の研修機会なども必要になるでしょう。

現状のケアにかかるPDCAサイクルがうまく機能していないのであれば、その流れを見直すための工程表も必要です。たとえば、組織運営に関するプロジェクトなどを設定するなど、新たな記録のあり方を見すえつつ改革を進めていくことが求められます。

**▶ステップ3　課題解決の評価をもとに様式・ルール設定**

現場の課題解決を図ったならば、その方策をいったん現場で導入しつつ、「うまくいくかどうか」を評価します。

評価によっては、さらなる改善を図る工程も必要でしょう。

この課題解決に向けた取り組みと同時並行で、「新たな記録」のしくみの構築にかかります。

具体的には、LIFE対応をどのように進めるか。すでにLIFE対応加算などを取得している場合は、そこから広げていくかどうか。

そのうえで、膨大な記録様式の候補から、現場の実情に応じて「実際にどれを活用するのか」を検討し、整理します。様式を絞り込んだら、それぞれの記載のルールなども整えます。

**▶ステップ4　新たな様式・ルールを適用させる工程**

様式や記載ルールの整理を行なったら、それを現場に適用させるためのスケジュールを考えます。

基本としては、まず、一定の期間「施行的」に現場に導入します。いきなり全体に導入するのではなく、一部の現場（あるいは同意を得た一部の利用者）にモデルケース的に導入してみて、やはり「うまくいくかどうか」を評価する工程を設けます。

一定の評価が得られたなら、いよいよ全体への適用を図ります。ここで忘れてはならないのが、従事者側の働き方を考慮した人員の配置や職責の見直し、その職責に応じた査定ルールなどの見直しです。十分に適用しきれない従事者が生じることも想定すれば、相談などを受け付けるための窓口等を設けることも必要です。

こうした一定の準備を整えたうえで、適用の期日を定め、全従事者に対する「スタートの宣言」を行ないます。



### スムーズな改革に向けた「介護記録工程表」（例）-2

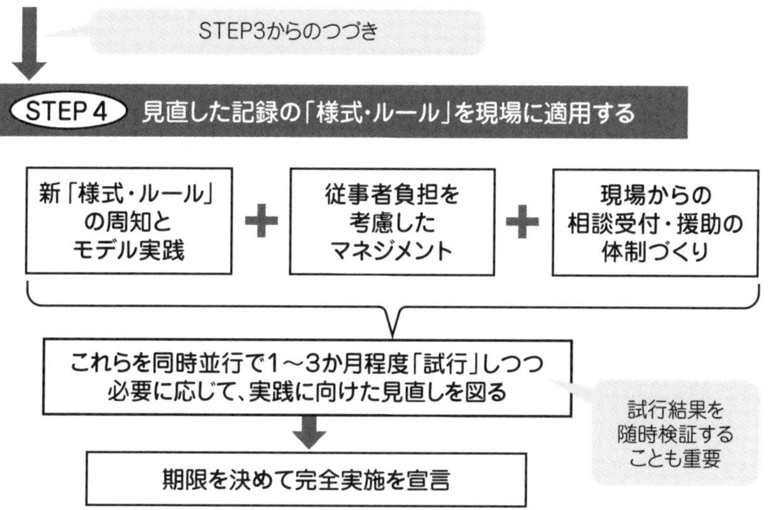

# 工程 記録をめぐる「現場の実態」を把握

**従事者は「記録」を「役に立つ」と考えているか？**

新たな記録のしくみに向けた工程表のうち、第一歩となるのが**「記録をめぐる現場の実態」**を把握することです。

たとえば、従事者の多くが「何のために記録を書くのか」を理解していなければ、科学的介護にもとづいた記録のバージョンアップを図ろうとしても、効果を上げることはできません。

そこで、これまでやってきた記録作成について、現場の従事者がどう考えているのかを調査することから始めましょう。

調査方法は、アンケートとヒアリングで行ないます。ヒアリングは、５～６人程度のグループ分けで、それぞれのグループに司会をつけながら、質問項目に沿って意見を出し合ってもらいます。

### ▶「記録」をめぐる従事者向けアンケート

まずアンケートですが、最低限必要なのは以下の項目です。

①ケアの改善に向けて「A．役立っている記録」「B．あまり役立っていない記録」を、選択肢の中からA・Bで選ばせます（選択肢については、現在使っている記録様式をすべて取り上げる）。

②Aについて、具体的にどんな点で役立っているか。また、Bについて、役立っていないと思えるのはどのようなケースか。それぞれの回答を選択肢から選ばせます（選択肢例は175ページ図参照）。

③①の選択肢から、実際の記録作成に際して、特に時間および（チェック等の）手間がかかるものを選ばせます。

④タブレット等のICT機器を使って記録作成を行なっている場合、その手間について尋ねます。たとえば、「紙に記す記録」と比

## 「現状の記録」にかかるアンケートの様式例

**1. 現場で作成されている記録について、以下のA・B・Cの中からそれぞれ当てはまると思うものを（　）に記入してください**

A. 現場のケアの改善に「役立っている」と実感できているもの
B. 現場のケアの改善に「あまり役立っていない」と感じるもの
C. 「どちらとも言えない」と思うもの

**※以下はあくまで一例**
●ご利用者の日々のバイタルに関する記録（記載例…A）　●ご利用者の生活機能チェックシート（　）　●ご利用者の栄養摂取量の記録（　）　●ご利用者の口腔内の状態・口腔機能に関する記録（　）　●ご利用者の排せつに関する記録（　）　●ご利用者の日々の生活記録（　）　●事故・ヒヤリハット記録（　）など

**2. 1で「A」をつけた記録の中から、「特にそう思う」ものについて「具体的にどんな点で役だっているか」を以下の選択肢から選んでください**

●「特にそう思う」とした記録（例. ご利用者の栄養摂取量の記録）
□ご利用者の日々の状態について関心が高まった
□日々のケアをどのように改善すればいいかというヒントが得られた
□多職種とのコミュニケーションがとりやすくなった
□ご利用者やご家族とのコミュニケーションに役立った
□自分が行なっているケアへの振り返りに役立った　□その他（　）

**3. 1の選択肢の「記録」の中から、（利用者チェックを含む）作成に際して、もっとも時間がかかるものを3つ選び、おおむねかかる時間を記してください**

●時間がかかる記録の種類（例. ご利用者の日々の生活記録）
（おおむねかかる時間　　時間　　分）
（以下、残り2つ選択）

**4. ICT（タブレット等）を使った記録について、「紙媒体に記す」場合と比較して「手間のかかり方」について、どう思っていますか**

●手間がかかる　●負担が軽減される　●変わらない
●どちらともいえない

較して「手間がかかる・かからない・どちらとも言えない」という具合です。「手間がかかる」については、その理由も尋ねます。

**▶記録を通じて「困ったこと」をヒアリング**

次に「ヒアリング」ですが、こちらは、実際に記録を作成している中で「疑問に思うこと」や「困ったこと」、「もっとこうすればいいのにと思うこと」などを、テーマごとに質問していきます。

現場の実感が意見として出やすいのは、やはり「困ったこと」でしょう。想定される意見としては、「記録作成に手間取って、利用者と向き合う時間が削られてしまう」などが出るかもしれません。

そうした意見に対し、司会者としては「それは特にどのような記録のケースか」などと**具体的な掘り下げ**を行ないます（あらかじめ、意見を想定してシミュレーションしておくといいでしょう。

聞き取った意見は、大きめの付箋などに記し、一枚の紙に貼り付けていきます。これにより内容的に重複する意見が出てきても、テーマ別で括りやすくなります。

**▶「困りごと」の発表機会が組織の統一感に**

各グループで意見が出揃ったら、各グループの司会者が全体の前で発表します。これにより、参加者は「皆が何を考えているか」を理解することができます。「そう考えているのは自分だけではない」という気づきが、その後の改革に向けた統一感につながります。

この他、記録作成にかかる時間などを、**タイムスタディ**の形で測定する方法もあります。現場にとって、どんな記録が重荷になっているのかを正確に把握することができます。

## 介護記録に関する「ヒアリング」の進め方

定期的な全体研修の場などを利用
↓
5～6人ごとのグループに分ける

各グループに司会者（ファシリテーター）を配置し、参加者から話を引き出す

司会者は、参加者一人ずつに、たとえば以下のような質問をする
●記録を作成する際に「困ったこと」はないか？
（例. 利用者に話しかけられて、対応しなければならないことがある
⇒インカムですぐに他の職員に応援をお願いできれば…）
●現在の記録の様式で「使いづらい」等のケースはないか？ など

できるだけ具体的なシーンを語ってもらう
（他の参加者から、同様の体験等を引き出しやすくなる）

各参加者から出た意見を、司会者は付箋等に記載
卓上の模造紙等に貼っていく

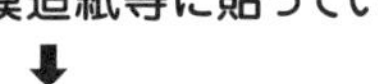

同種の意見については、グループ分けをする
（グループごとに、課題のテーマを記す）

PC上で記し、プロジェクターで投影する方法も

他者の意見に誘発されて、新たな意見が出てくることもあるので、2～3回発言順番を回す

グループごとに取りまとめた意見を、司会者が全体の前で発表。
管理者および事務局が、その意見をまとめ、「改善すべき課題」として委員会等にかけ、結果を全体にフィードバックする

# 6-3 現状での課題対応①<br>記録の書き方の「バラツキ」をなくす

**利用者を評価する能力、ICT等の習熟度、文章作成力など**

アンケートやヒアリングの結果を分析することで、記録をめぐる現場の課題を明らかにします。分析から浮かんだ課題の中で、まず対処したいのは、記録をめぐる従事者のスキルのバラつきです。

記録をめぐり、一定の慣れが生じているしくみの中で、すでに「バラつき」があるとします。ということは、ここに「新たなしくみ」を導入すると、「すぐに対応できる人」と「そうでない人」の差がさらに開く恐れが生じます。

この点を考えた時、新たなしくみを導入する前に、**「今生じているバラつき」**をできるだけ解消しておくことが求められます。

### ▶「平均的なスキル」ではなく「偏差」に注目する

スキルのバラつき度合いを知るには、先のアンケートやヒアリングの分析方法がカギとなります。この分析で必要なのは、「全体の平均」ではなく「偏差」に着目することです。

たとえば、先のアンケートで「ICT 等を活用した記録」について尋ねた項目がありました。この結果で「手間がかかる」と「かからない」の回答割合が多く、「どちらともいえない」の回答割合が少なかったとします。この場合は、明らかに「ICT 等の活用」の習熟について「偏り（偏差）」が生じていることになります。

この状態を放置したまま、「LIFE 対応を強化するために、ICT 端末による記録作成の範囲を広げる」となれば、それに対応できる人と追いつけない人の格差がさらに広がりかねません。

結果として、業務負担のバラつきが大きくなるだけでなく、チー

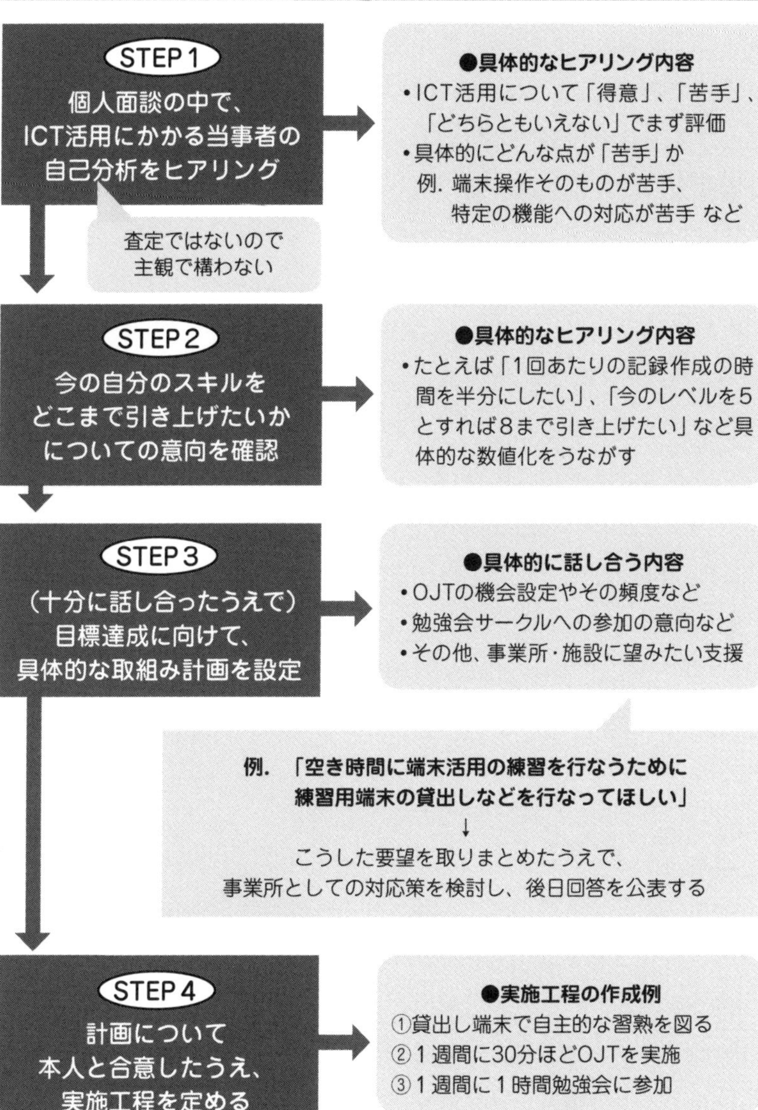
「偏差」の大きい課題に対処する個別支援計画
〜例. ICT活用スキルの向上に向けて〜
STEP 1
個人面談の中で、ICT活用にかかる当事者の自己分析をヒアリング
査定ではないので主観で構わない
●具体的なヒアリング内容
•ICT活用について「得意」、「苦手」、「どちらともいえない」でまず評価
•具体的にどんな点が「苦手」か
例. 端末操作そのものが苦手、特定の機能への対応が苦手 など
STEP 2
今の自分のスキルをどこまで引き上げたいかについての意向を確認
●具体的なヒアリング内容
•たとえば「1回あたりの記録作成の時間を半分にしたい」、「今のレベルを5とすれば8まで引き上げたい」など具体的な数値化をうながす
STEP 3
(十分に話し合ったうえで)目標達成に向けて、具体的な取組み計画を設定
●具体的に話し合う内容
•OJTの機会設定やその頻度など
•勉強会サークルへの参加の意向など
•その他、事業所・施設に望みたい支援
例. 「空き時間に端末活用の練習を行なうために練習用端末の貸出しなどを行なってほしい」
↓
こうした要望を取りまとめたうえで、事業所としての対応策を検討し、後日回答を公表する
STEP 4
計画について本人と合意したうえ、実施工程を定める
●実施工程の作成例
①貸出し端末で自主的な習熟を図る
②1週間に30分ほどOJTを実施
③1週間に1時間勉強会に参加
目標計画期間を経て、再度の面談でスキル向上の達成度を評価する

ムワーク上のひずみも広がる恐れにつながります。

### ▶「個別支援計画の作成」と「サークル式勉強会」

これを防ぐには、「ICT 等の活用スキル」を高める研修等を行なうだけでなく、**「追いつけない人」に焦点を当てたフォローアップの機会**を設けることが必要です。といって、大雑把に「できる人」「できない人」で選別すると、当事者の意欲を削ぐ恐れも出てきます。

そこで必要なのが、① ICT 等活用スキルに特化した（従事者のための）個別支援計画の作成と、②サークル式の勉強会です。

①についてですが、最近は、処遇改善加算の職場環境等要件の一つとして、従事者ごとの**キャリアアップのための個別支援計画**を作成する事業所も増えているでしょう。この個別支援計画のうちの「ICT 等の活用スキル」に特化したものです。

この支援計画を、定期の個別面談などを通じて作成します。ここで各従事者の課題を明らかにしつつ、従事者一人ひとりのペースに合わせて、OJT などを組み込んでいきます。

### ▶スキルアップの機会を経て、独自の検定なども実施

②については、①で明らかになった課題をもとに、スキルレベルが同等の人同士でグループを作り、サークル式の勉強会を催すというものです。この勉強会への参加は「業務時間」に組み入れます（メンバーのシフトを調整したうえで、１週間に１時間程度など）。

やり方ですが、たとえば特定の利用者の同意を得て、生活行為の動画などを撮影します。それを見ながら、サークル内で利用者情報を端末に入力するなどの実践を行なうという具合です。

ちなみに、こうしたスキルアップの機会を設けたうえで、定期的に「ICT 活用の技能検定」などを実施してもいいでしょう（処遇改

善加算のキャリアップ要件Ⅲにもとづくものなど)。

**▶その他の「偏差」の大きなテーマにも応用できる**

ここでは「ICT 等の活用」に焦点を当てました。これ以外にも、アンケート等から特に「偏差」の大きい課題と取り上げて、その「バラつき」の修正に応用することができます。

たとえば、「利用者をアセスメントする能力」や「文章の作成力」などが課題として上がったなら、①それぞれに特化した個別支援計画を立て、②サークル式の勉強会を行なうという具合です。

いずれにしても、その事業所・施設ならではの「課題」を把握し、ピンポイントでの解決を図ることが大切です。このノウハウを蓄積することは、それ自体が現場ごとの財産となるはずです。



**サークル式勉強会の開催例**

個別支援計画の中で
自己評価したレベルと
達成したい目標

→

これに合わせて、チーム編成を行なう。
(スキルレベルだけでなく、「どんなスキルを鍛えたいか」なども考慮)

一定以上のスキルが認められたリーダークラスを
指導者・相談援助者として配置(指導者手当をつける)

個人の参加頻度や時間帯などは、
個別支援計画にもとづいて調整する。
あくまで「業務時間」として扱い、「急な業務の発生」等で
参加できない場合は管理者に届け出ることを義務づける

# 現状での課題対応② PDCAサイクルの動かし方

ケース検討のしくみや多職種連携のあり方などへのテコ入れ

アンケートやヒアリングをもとにした課題分析を行なう中で、従事者のスキルアップだけでは追いつかない問題も浮上します。

その一つが、介護記録を現場のケアに活かしきる体制になっていない――つまり、**PDCA サイクルが動いていない**ことです。

### ▶多職種連携がうまく行っていないケースが多い⁉

たとえば、記録のチェック⇒ケース検討会（カンファレンス）の開催⇒計画の見直しという流れが一応できているとしましょう。

ところが、アンケートなどで「ADL の維持・改善」に向けて「記録は活かされている」が、「低栄養リスクの改善」では「活かされていない」という結果が明らかになったとします。

記録の様式や現場職員の「気づき力」などスキルの問題もあるかもしれませんが、管理栄養士などとの**連携のしくみ**がかかわっているケースも考えられます。専門職によっては、外部連携が中心となることが多く、そこでどのように情報を共有し、助言等を計画に反映させていくかも重要なポイントとなります。

### ▶課題解決の「経過記録」が何が見えてくるか？

外部連携などがうまくいかないと、「タイミングよくケース検討会が開けない」とか、「専門職からの重要な指示・助言などが計画見直しに十分反映されない」などということも起こりかねません。

そこで、介護記録の種類ごとに、作成後の PDCA サイクルの流れをチェックします。特に、165 ページで示した「経過記録」を精査する中で見えてくる課題があるかもしれません。

たとえば、外部の専門職などに「後ほど意見照会する」といったケースが多ければ、課題解決までのタイムラグが頻繁に生じている可能性もあります。現場にとっては、「なかなか解決しない」ことで、「記録が役に立っていない」と感じている可能性もあります。

また、ケアのあり方を見直す場合、その体制づくりのためにシフト変更などを図らなければならないといった状況も生じがちです。その際に、シフト変更等を誰がどのような権限で行なうのかが整理されていないと、これも解決に時間がかかることになります。

いずれにしても、組織のあり方が問われるケースも多い中、簡単に解決することは難しいかもしれません。だからこそ、できるだけ早期から法人全体で検討する流れを作ることが重要になります。



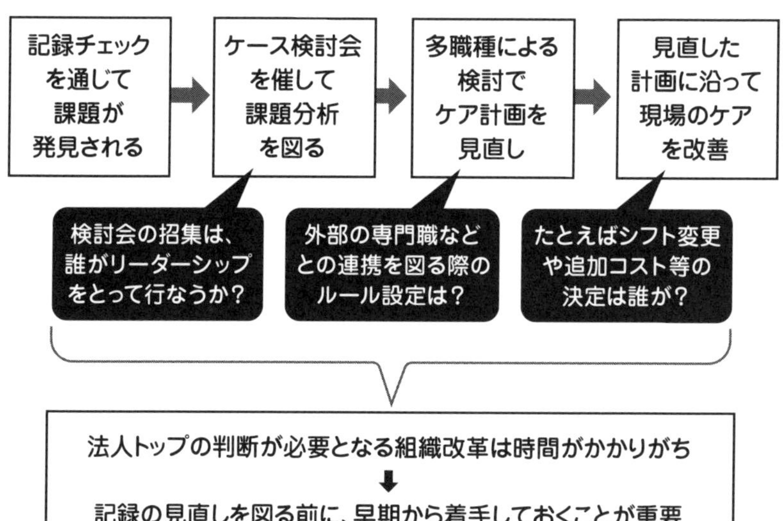

# 6-5 新たな記録のしくみ①記録の「種類」を整理する

### 現状の記録から、何をプラスする？ 何を整理・削減する？

記録に関する組織的な課題への取組みを進めつつ、同時並行で新たな記録のしくみを築くことにとりかかります。

まずは、現状の記録の「種類」について、アンケートやヒアリングの結果をもとに、それぞれ「ケアの改善に役立っているか否か」をチェックします。そのうえで、「削ったり、統合した方がいいものは何か」、あるいは「追加すべき記録はないか」を検討します。

**▶現場の意向に沿った様式整理は必要。しかし…**

現状の記録の多くは、運営基準で定めれている、あるいは何らかの加算を取得するための要件となっているはずです。

そうなると、単純に削ったり統合することは難しいかもしれません。ただし、実際に「記載に過剰の手間がかかっている」あるいは「ケアの改善に活かされていない」となれば、少なくとも「様式の見直し・改良」等を図ることは必要でしょう。

たとえば、施設系サービスに導入された「自立支援促進加算」における「支援実績」の項。これは、利用者が日々の生活の中で「実際にしていること」や「その頻度・回数」を記すものです。

現場の職員としては、利用者の生活状況に関心をもって、「その人らしい生活の姿」をとらえるうえでは意義のある記録です。

しかし、同じ時間や頻度、回数でも、**その時々の利用者の言動や反応は少しずつ変わるもの**です。こうした「利用者の気になる言動」を別途記録するとして、それが「支援実績」の評価と連動していないと、職員には「支援実績の評価は役に立っているのか」、「記録が

## 自立支援促進加算における「支援実績」を他記録と連動させる

### ◆記録A

| 例.「支援実績」の中から「日々の過ごし方等」について |
|---|
| ●本人の希望の確認　⇒　1月あたり（　）回 |
| ●外出　⇒　1週間あたり（　）回 |
| ●居室以外（食堂、デイルームなど）における滞在<br>⇒　1日あたり（　）時間 |
| ●趣味・アクティビティ・役割活動　⇒　1週間あたり（　）回 |
| ●職員の居室訪問　⇒　1日あたり（３）回<br>**※記録B（●月●日）参照** |
| ●職員との会話・声かけ　⇒　1日あたり（　）回 |
| ●着替えの回数　⇒　1週間あたり（　）回 |
| ●居場所づくりの取組み　⇒　□有り　□無し |

LIFE提供は月1回だが
現場では日々チェック

気になった点は「記録B」に
記しリンク先を示しておく

### ◆記録B（日々の気になった点を自由書式で記す記録）

※記録Aの項目順で記載できるように様式を定める

| ○月○日 ご利用者名 △山F 男 様 |
|---|
| ●「本人の希望の確認」について |
| ●「外出」について |
| ●「居室以外（食堂、デイルームなど）における滞在」について |
| ●「趣味・アクティビティ・役割活動」について |
| ●職員の居室訪問<br>※ここに記載あり（記載例は187ページ参照） |
| ●職員との会話・声かけ |
| ●着替えの回数 |
| ●居場所づくりの取組み |
| ●その他で気になったこと |

具体的に何があったのかを
振り返って確認することで、
利用者の自立支援・
尊厳保持に向けた課題の
掘り下げがしやすくなる

二度手間になっているのでは」という疑問も浮上しかねません。

### ▶LIFE 対応の記録とそれ以外の記録をリンクさせる

そこで、利用者の「日々の言動」に関する記録（特に気になる状況を記すもの）について、その記載欄を、自立支援促進加算の「支援実績」項目に沿って改編します。「支援実績」項目に当てはまらない内容については、「その他」の欄に記すようにします。

もちろん、「支援実績」項目のすべてにわたって、「日々の言動」を記載する必要はありません。あくまで、**その日のケアで「気になった項目」に関してだけ**記すようにします。（185 ページ図参照）

そのうえで、「日々の言動」に関する記載が発生した場合は、「支援実績項目」から「記載発生時の記録」を照合できるようなしくみを整えておきます。たとえば、記録ソフト上で、「支援実績を評価する項目」から「日々の言動にかかる記録」が参照できるようなリンク先を設けておくといった具合です。

### ▶職員が記憶をたどりやすくするための狙いも

こうしておけば、月１回の支援実績評価に変化が生じた場合、「そこで利用者に何があったのか（利用者の言動に原因や予兆が現れていないか）」をすぐにチェックすることが可能です。

また、「日々気になった言動」を記すという場合、真っ白な書式に「記せ」というだけでは、職員も「何を記すべきか」に悩んでしまいがちです。結果、「その日にあったこと」の記憶をたどりきれないまま「特になし」となってしまうこともあります。

その点、「支援実績の項目」に沿って記すしくみにすれば、職員も具体的なシーンを追いながら記すことができ、「この時にはこんなことがあった」と記憶をたどりやすくなるわけです。

## 「記録A」と「記録B」を連動させることで見えてくること

185ページの「記録A」のLIFE入力によりフィーバック情報を得る

**●職員によるフィードバック票のチェック**

「職員による居室訪問の回数が、ある時期から増えている。
この増えた時期に、何があったのかをもう一度確認したい」

「記録A」に示されたリンク先から
「気になったこと」の具体的な記載について検索

**●「職員の居室訪問」について**

「〇月〇日 午後〇時〇分 記載者：〇〇〇〇
△山さんが昼寝からお目覚めになる時間に定期の訪問をしたところ、いつもは寝る前にハンガーにかけておられる上着が、床にまるめて置かれていた。お話を伺ったところ、『いちいちハンガーにかけるのがしんどい』とのこと。腕を上げてもらい可動域をチェックしたが、特に変化はない。ただ『腕の上げ下げがだるい』とのことなので、看護師とPTにチェックしてもらった」

**●記録をチェックした職員**

「PTによれば、腕の筋力がやや低下しているが、可動域等に特に問題はないとのこと。その他の生活行為でも『それまでしていた行為』がしんどくなっている可能性があるため、居室訪問の回数を増やしてお話を聞く機会を増やし、それによってご本人の新たな困りごとが生じていないかどうかを確認するという経緯が確認できた」

本人へのヒアリング記録をさらに確認して、
課題を分析⇒支援計画の見直しにつなげることを検討

# 6-6 新たな記録のしくみ②<br>新たな加算取得に向けて

**目先の収支だけでなく、長期的な現場への影響を見すえる**

制度が変わり、新たな加算等が誕生すると、法人運営の立場としては収支（加算による増収とコストのバランス）を見すえながら、「その加算の取得に動くかどうか」を検討するでしょう。特に「LIFE対応加算」のように、科学的介護の推進という制度上の大きな流れがある中では、いつまでも「対応が難しい」と算定に消極的な姿勢をとり続けるわけにはいきません。

### ▶トップダウンで新加算取得を進めることの懸念

一方で、目先の収支だけにこだわってしまうと、現場にさまざまな混乱がおよびかねません。

ここまで、ケアの改善に本当に結びつくのかという観点から、既存の記録様式の整理などを進めてきました。こうした改革の流れから離れて、突然「この加算を取得する」というトップダウンが生じれば、「今まで進めてきた改革は何なのか」となるのは当然です。

そこで、新たな加算の算定に着手する際にも、ここまで進めてきた改革の流れにきちんと沿わせることが必要です。

### ▶アセスメントの上乗せが、現場に与える影響

LIFE 対応加算でいえば、まずは基本となる「科学的介護推進体制加算」の算定に乗り出しているケースは多いかもしれません。

その場合、「LIFE 対応というベースはできているのだから、栄養、口腔、ADL 関連の上乗せ加算もすぐに導入できる」と考えがちです。確かに、「LIFE への情報登録」という実務上の体制は整っています

しかし、「登録するためのアセスメント情報」を上乗せしていくとなれば、現場での記録様式を新たに加える必要があります。

そのアセスメントを、誰がどのタイミングで取るのか。多職種での情報共有をどう図るのか。何より、それによって**「現場のケアが改善した」という実感**を、現場従事者が得ることができるのか。

こうした「現場への影響」を丹念に検証しなければなりません。

### ▶既存の関連する記録に、課題はないのかどうか

まず必要なことは、新たな加算取得の計画があるとして、それを現状で進めている記録改革の路線に乗せることです。

たとえば、施設で栄養マネジメント強化加算を算定するという計画があるとします。ここで少なくとも必要となる記録としては、①低栄養状態のリスクチェック、②摂取栄養量など食生活の状況、③

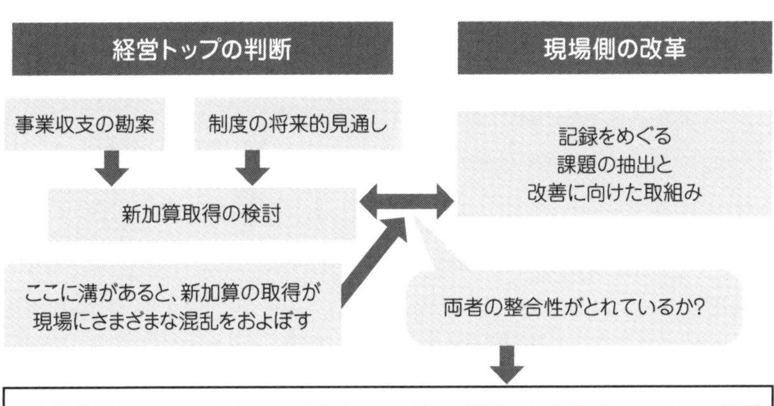

口腔状況などの栄養ケアにかかる課題が対象となります。

それ以前から、①に関連してBMI値を、②に関連して食事摂取量などを、③に関連して利用者の口腔の状況を、それぞれ記録していたとしましょう。これらの記録が、すでに円滑に作成され、現場のケアへの活用がうまく進んでいるのであれば、新たな記録作成を路線に乗せるための土台はできていることになります。

逆に、現場のアンケートやヒアリングなどで「課題が多い」となれば、「栄養に関連した記録の風土」から地道に改革していかないと、現場の実務が破たんをきたすことになりかねません。

### ▶取得加算が増えれば、組織のあり方も変わる

仮に、今後の制度改正の見通し（例. 栄養ケアにかかる基準や評価を強化する）から、「いずれは導入しなければならない」というトップ判断があるとします。その場合でも、**既存の記録で明らかになっている課題を「まず解決する」こと**が先決となります。

たとえば、既存の栄養関連等の記録が「現場のケアに役立っていない」という実感が強いのであれば、組織内に専門のプロジェクトチームを作り、「役立っていない原因」の究明を図ります。

その結果、介護職員による栄養学的な知識が不足とするなら、基本的な知識の底上げを図る研修等が必要でしょう。管理栄養士等の連携がうまくいかないというのであれば、情報共有のしくみなどを見直しつつ、意思疎通を図りやすい環境を築くことが求められます。

加算を一つ取得するには、組織のあり方そのものを見直す必要もある――この点を常に頭に入れておくことが欠かせません。

## 例. 介護保険施設における栄養改善の取組みの場合

【2021年度改定】の内容
①栄養マネジメント加算を廃止して、その要件を運営基準で義務づけ
②低栄養リスク改善加算を廃止し、栄養マネジメント強化加算へと再編

改定前の同加算の算定はしていなかったが、BMI値や食事摂取量の記録は取っていて、ケアに活用

●記録に関する現場へのアンケートやヒアリングによる課題の抽出
↓
「BMI値を計算しても、実際の栄養ケアに十分生かされていない」

にもかかわらず、記録増大って…

「食事摂取量だけを記録して、意味があるのかどうか。記録の作成自体が現場の負担になっている」

今のままでの負担増に納得がいかない！

「記録をめぐり、外部の管理栄養士との連携がうまく取れていない」

今のままの多職種連携で大丈夫なのか？

改定後に、こちらの算定を計画。2021年度に科学的介護推進体制加算は取得し、LIFE対応の土台は整っている

●栄養マネジメント強化加算の取得に向けて、現場の記録実務を拡大する
↓
①低栄養状態のリスク測定
「BMI値に加え、体重減少率や血清アルブミン値、褥瘡の有無など」

②食生活状況に関する記録
「栄養補給（食事摂取）の状態に加え、摂取・提供・必要栄養量、食事の形態、本人の食事に対する満足度・意識など」

③栄養ケアの課題に関する記録
「口腔関係の他、褥瘡・生活機能関係、代謝関係、心理・精神・認知症関係、医薬品関係など」

現状の課題を一つひとつ解決するためのプロジェクトチームを立ち上げ
例.　「低栄養リスク測定の意義について周知するための機会」
「誰がいつ、どの記録を担当すればいいのかの役割分担を整理」
「多職種連携のための手段やツールについて見直し」　など

# 6-7 円滑な導入策①<br>従事者の納得を得る方法

特定の利用者を対象として、モデル的な実践を試みる

LIFE 対応の新加算を取ることなどを目的に、新たな記録のしくみを導入するとします。その導入に向けては、さまざまな課題が想定されます。それらの課題に対し、前項ではプロジェクトチームなどを立ち上げ、一つひとつ解決していく流れを述べました。

それでも、いざ「導入する」となった時、重要な問題が一つ残ります。それは、**従事者のモチベーション**です。

### ▶改革の「効果」をできるだけ早く「見える化」する

プロジェクトチームによる取組みで、従事者のスキルを高め、連携のしくみを整えたとして、「本当にそれが利用者の自立支援に結びつくのか」というモヤモヤを完全に拭い去るのは困難です。

なぜなら、「仕事のやり方」が確実に変わるのに対し、「その負担に見合った効果」は、やってみなければ見えにくいからです。

となれば、その「効果」を早期に「見える化」することが求められます。具体的には、新たな記録のしくみを本格的に導入する前に、**特定の利用者を対象とした試行的な取組み**を行なうことです。

これによって、誰もが納得できる「効果」が明らかになれば、従事者のモチベーションは大きく高まるでしょう。

仮に「大きな効果が上がらない」という場合は、そこに何らかの課題があることになります。その解決に取り組むことで、本格的な導入後では困難な課題修正を図ることができます。

# 「試行的な取組み」をどのように進めるか？

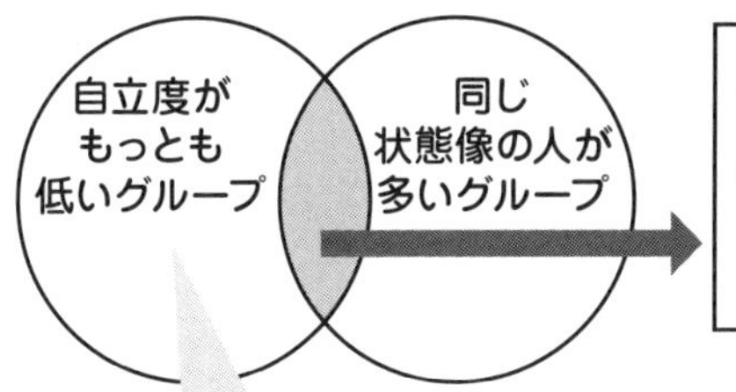


重なったグループの対象者に対し、本人と家族に「試行的取組み」の意義を説明して了解を得る。最終的に３名ほど選定する。

対象となるテーマの「自立度」で分類。たとえば、栄養なら「低栄養リスク」の評価点で、ADLなら「Barthel Index」の評価点をもとに

状態像のより詳しいデータを定期的に提供できるなど、本人・家族に「取組みに協力したことで得られるメリット」をきちんと伝える

## Ⅱ 試行的取組みのチームを編成

取組みに参加する有志メンバーを募る

有志が足りない場合は、選定した利用者を普段から担当している従事者から選ぶ

なじみの関係性が、利用者の意欲を左右することがあるため
有志メンバーの応募が多い場合も、上記の基準で絞り込む

| | |
|---|---|
| 注意1 | 選定メンバーが業務過多にならないよう、シフト等に配慮する |
| 注意2 | 特別手当を設けることで、待遇上の不利益を生まないようにする |

## Ⅲ 少なくとも3か月試行し、利用者の状態変化を「見える化」する

例1．経時データ（定点観測）をグラフ化する

例2．一定期間ごとに生活の様子を画像で記録

### ▶試行的な取組みは、特別チームを編成して

この「試行的な取組み」の手順は、以下のとおりです。

①対象となる利用者を選定し、本人・家族の了承を得る……この場合の「選定」の基準ですが、全利用者中の❶「自立度がもっとも低い」グループのうち、❷「同じ状態像が多い」という集合の中から選定します。❶と❷が重なる部分が「選定」の基準です。

❶については、「自立度の高い人」が対象だと、「低い人には通用しないのでは」という意識の払しょくが難しくなるからです。一方❷については、できるだけ多くの利用者と共通するケースとすることで、**汎用性の高さ**を皆が納得できることを狙います。

②試行取組みの担当を有志で募り、特別チームを形成……この試行的な取組みについて、集中して担当するための特別チームを作ります。多様な経験年数の従事者を選ぶ一方で、できれば「やる気のある有志」を募る方法が望ましいでしょう。

「新しい取組み」には前例がなく、自分なりにアイデアや工夫を導き出すという場面も少なくありません。となれば、主体的に取り組むだけの意識が求められます。その意識をしっかり持っていることを想定すれば、やはり「原則は有志」ということになるでしょう。

もちろん、特別手当をつける（あるいは査定上の上乗せを図る）他、他の実務との兼ね合いで「業務過多」にならないよう、人事上のマネジメントをしっかり行なう必要があります。

### ▶実践後は、振り返りと「効果」を全体に周知

③最低でも３か月実施し、対象者の状態変化の見える化……試行期間は３か月から半年。１か月ごとに、対象となる利用者の状態像をモニタリングし、経時データなどで「見える化」します。

そのモニタリングに合わせて、定期のカンファレンスを開きます。仮に「効果が上がっていない」という場合には、課題の分析を行ない、用いている「新たな記録のしくみ」等について、改善点はないかどうかを検証することも必要です。

④課題分析・改善提案も含めて、試行後に組織内で発表機会を……事前に設定した「試行期間」が終了したら、その取組みの結果を特別チームで取りまとめ、全従事者を対象とした研修会の場などで発表してもらいます。具体的にどのような取り組みを行なったのかを説明した後、その「効果」についても紹介します。

たとえば、対象となった利用者の**「試行前」と「試行後」の状態像（データの他、画像・動画なども用いる）**を示しつつ、「見える化」された経時データも紹介します。もちろん、③で行なった課題分析および改善すべき点なども発表の対象とします。

### 「試行的取組み」の結果をどのように取りまとめるか？

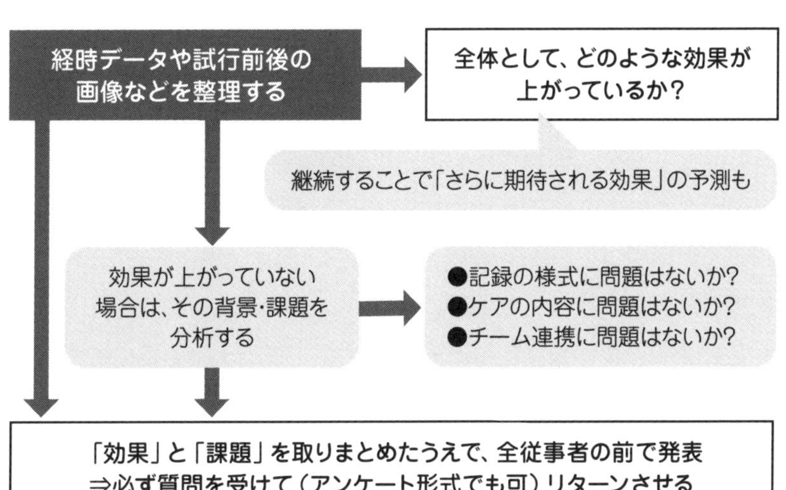

# 6-8 円滑な導入策②
# 従事者の状況をモニタリング

導入1週間後の勤務状況把握⇒現場従事者からのヒアリング

新たな記録のしくみについて、前項で述べた「試行」を経たうえで、いよいよ本格的な導入に至ります。

ただし、現場の従事者としては、「試行結果の開示」などを通じて「頭」では理解していても、慣れないことも数多くあるはずです。

## ▶記録作成に費やしている時間を「見える」化

そこで、導入後１週間は、従事者の状況がどうなっているかを把握することが必要です。たとえば、①従事者が記録作成に**どの程度の時間**を費やしているか、②①によって他の業務に費やす時間などにどのような影響がおよんでいるか――を計測します。

管理者がアセッサー（評価者）を務めてもいいですが、現場の従事者全員となると、かなり手間がかかります。あくまで概要の把握なので、上記の①②については自己申告でもいいでしょう。

一例としては、時間計測ソフトなどを使う方法もあります。これにより、従事者一人ひとりの勤務状況を見える化しやすくなります。日を追って作業に慣れてくると、作業時間が短縮されることもありますが、そのあたりの推移も把握することができます。

## ▶質問シートを作って定期的にヒアリングも

上記はあくまで数字的なデータですが、もう一つ必要なのが、作業に向かう従事者の「実感」です。これを把握するため、１週間分の数字的データをもとに、**従事者へのヒアリング**を行ないます。

漠然と「やってみてどうか」などと尋ねられても、従事者としては、どう答えていいか戸惑うものです。また、一人の管理者が従事者全員のヒアリングを行なうのは多くの時間を要するので、現場のリーダークラスが行なうのが現実的です。ただし、質問者ごとのさまざまなバイアスが生じて回答にもバラつきが生じがちです。

そこで、あらかじめ質問シートを作っておき、それに沿ってヒアリングするのがベストでしょう。図で示すような簡易なもので構いません。従事者側から「どうしても伝えたいことがある」というケースの場合は、「その他」の備考欄に書き込みます。

こうしたヒアリングは、新たなしくみが軌道に乗った後も、3か月から半年に1回など、定期的に実施することが望まれます。

これにより、従事者内に潜む課題を早期に察知し、対応策を練ることが、記録を現場に根づかせるうえで欠かせません。



## 従事者ヒアリングに向けて作成したい質問シート（例）

**新しい記録のしくみについてのヒアリング**
※各質問を行なう中で、具体的な訴えがある場合には「備考」欄に記入

**1. 新たな記録作成の手間や時間について（以下、選択肢）**
①非常にかかる ②まあまあかかる ③あまりかからない ④まったく問題ない
□備考（ ）

**2. 1で①②を選択した場合、その具体的な原因は何か？（以下、選択肢）**
①確認・記入項目が多い ②ICT入力（CSV変換など）に慣れない
③判断の難しい項目が多い ④指標の見方などがよく分からない ⑤その他
□備考（ ）

**3. 他の業務への影響について（以下、選択肢）**
※①、②がデメリット。③、④がメリット
①利用者と接する時間が減少した ②体力的・精神的にきつさが増した
③利用者の状態等について、深く理解できるようになった
④自身でケアを工夫する習慣が身に付いた ⑤その他
□備考（ ）

その他、「チームケア・多職種連携への影響」などの質問事項も

# 6-9 円滑な導入策③ 介護記録のCSV変換について

### 記録のデジタルデータ化が進む時代、従事者の必須スキルに

LIFE 活用に際しては、利用者情報の登録を行なう「管理ユーザー」、様式情報の登録を行なう「操作職員」、そして記録を作成する「記録職員」という具合に役割が分担されています。

ただし、現場の多くの記録がデジタルデータ化される時代になれば、「記録職員」がタブレット等で作成した記録を、そのまま LIFE へと登録するという流れも一般化される可能性があります。

さらに、LIFE 活用の有無にかかわらず、利用者の実績票（ケアプラン６・７表）をデジタルデータでケアマネジャーに送付するというしくみも、2023 年度から本格稼働します。

つまり、すべての介護従事者にとって、デジタルデータの取扱いは必須のスキルとなりつつあるわけです。

**▶既存の介護記録ソフトからのLIFE登録を可能に**

そうしたデジタルデータ時代を見すえた時、イロハのイとなるものの一つが、「CSV ファイル変換」でしょう。

たとえば、LIFE 情報を入力（登録）する場合、すでに出来上がっている記録を再び入力し直すのでは、大変な手間となります。

そこで、すでに介護記録ソフトで作成している記録を「CSV ファイル」に変換することにより、そのまま LIFE に提供するというしくみが可能になっています。LIFE の画面上では、「外部データ取込み」のボタン操作によって行なうことができます。

なお、利用者情報の取込みについては「管理ユーザー」のみが行なうことができます。ここでは、「操作職員」が行なっている様式

## LIFEにおける「CSVファイル」変換の手順

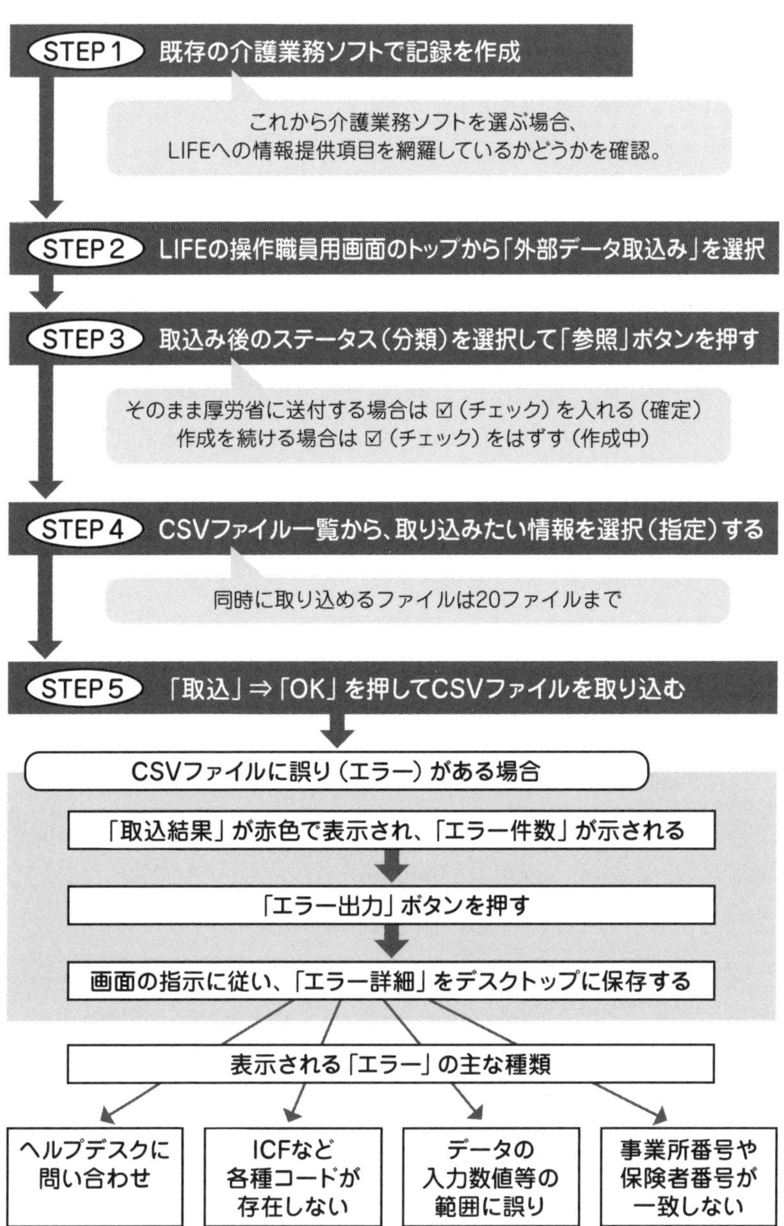

情報（利用者の状態等について記録された情報）を取り上げます。

### ▶「CSVファイル」への変換自体は難しくないが…

上記の「外部データ取込み」ボタンを押すと、取込みファイルを選択する画面が出てきます。「参照」ボタンを押して、取込みたいファイルを選択し、「開く」ボタンを押します。

なお、「参照」ボタンを押す前に、「取込後のステータスを『確定済』にする」にチェックを入れると、取り込んだファイルは厚労省にデータ提供されます。チェックを外した場合は、「作成中」と表示され、まだ厚労省にはデータ提供されていない状態です。

以上の操作を行なうと、データ取込みの許可を求めてくるので、「OK」ボタンを押すことで操作は完了します。

操作自体は難しくありませんが、注意したいのは「エラー」発生時です。この場合に操作がやや複雑になってきます。

### ▶「エラー表示」がなされた場合の対処について

エラーが発生すると、CSV で取り込んだファイルが赤色で表示され、同時に「エラー件数」が示されます。

この場合、下の方の「エラー出力」ボタンを押し、画面表示に従ってエラー詳細を「保存」します。これにより、デスクトップにエラー内容を示したファイルが保存されます。

エラー内容の中には、原因不明により「ヘルプデスクへお問い合わせください」というものもあれば、入力コードや入力数値の誤りを指摘するものもあります。

後者であるなら、詳細なエラーの説明に沿って入力データを修正することで、取込みが可能になります。

### ▶CSV変換時のエラー対処を集中的に修得する

ここまで述べた作業は、普段からパソコン等を使いこなしている人であれば、難なく対応できるでしょう。一方で、慣れていない人にとっては、「エラー」表示が出ただけで「どうしていいか分からなくなる」というケースも少なくありません。

こうしたICT操作については、事業所内に相談担当者を配置することが望ましいでしょう。ただし、その担当者の業務負担を考えれば、上記のような「エラー」にかかわる相談が多いことを想定して、「エラー表示」時の専用マニュアルを用意したり、180ページで述べた勉強会等で集中的にテーマとして取り上げたいものです。

ICT機器の活用において、人はどんな場面で「混乱」しがちなのか――管理者として整理しておきたいポイントです。

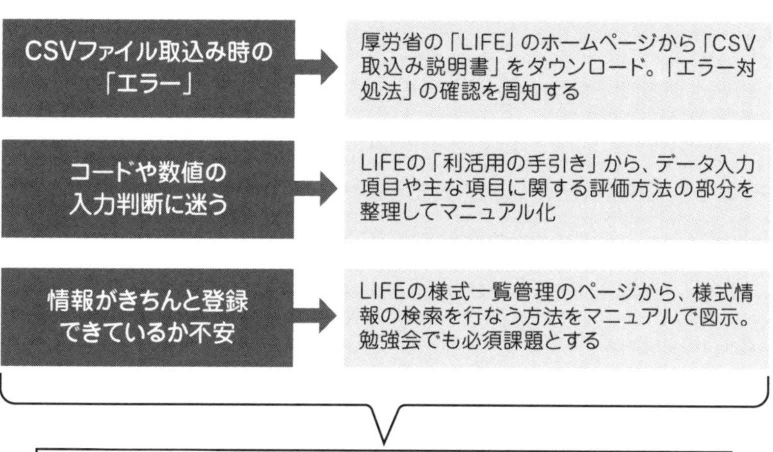

# 「慣れ」の中で生じる課題とその解決

## 「その記録の目的は何か」という原点への意識づけ

新たな記録のしくみが軌道に乗ると、現場には「習慣の一部」となります。ここで、２つの現象が生じてきます。

１つは、現場従事者の中に「どうせなら、新たな記録の効果をもっと上げよう」、あるいは「少ない労力でより高い効果を上げよう」という意識が生じることです。現場の創意工夫が働くわけで、主体的な環境改善という点では望ましい姿と言えるでしょう。

### ▶習慣となるのでルーチンワーク化が進む可能性も

一方、課題となるのは、新たな習慣への慣れが生じる中で、「新たな実務に対するルーチンワーク化」が進むことです。

業務が手際よくこなせるようになる（それによって、現場の負担が減る）という点では、これもある意味では望ましいかもしれません。しかし、前者のケースと大きく異なるのは、そこに「創意工夫」はなく、逆に**「思考停止」**が生じることです。

「思考が停止している」となれば、その記録が持つ意味に関心を持たなくなりがちです。直近で利用者に何が起こっているのかを、記録作成とともに検証するという習慣が乏しくなるわけです。

仮に、時間を置いて記録データ（あるいはLIFEのフィードバックデータ）の検証を行なうとしても、それまでの思考が途切れているわけですから、どうしても検証が浅くなりがちです。

### ▶記録に際しての「意識づけ」を図る工夫を

これを防ぐには、記録を作成するたびに「この記録は何のために作成するのか」を意識させることが必要です。

とはいえ、介護現場では、そのつど対処しなければならないことが目白押しです。利用者の高齢化・重度化にともなって、状態が日々変わりやすい中では、目の前の対処すべきことに流されてしまいがちでしょう。コロナ禍で、感染防止のために「やるべきこと」が一気に増えている中では、なおさらといえます。

そうした中で、記録を作成するたびに「原点に戻って意識づけを図る」というのは、口頭で指示するだけでは困難でしょう。

そこで、作業時に「視覚に訴える」という方法を考えます。

「視覚に訴える」となると、作業を行なう場所への注意事項等の掲示という方法もあるでしょう。紙への記録であれば、その表紙に貼り付けるやり方もあるかもしれません。

ただし、タブレット等で現場を移動しながら記録する場合などは、



新しい業務のしくみに「慣れる」中で生じること

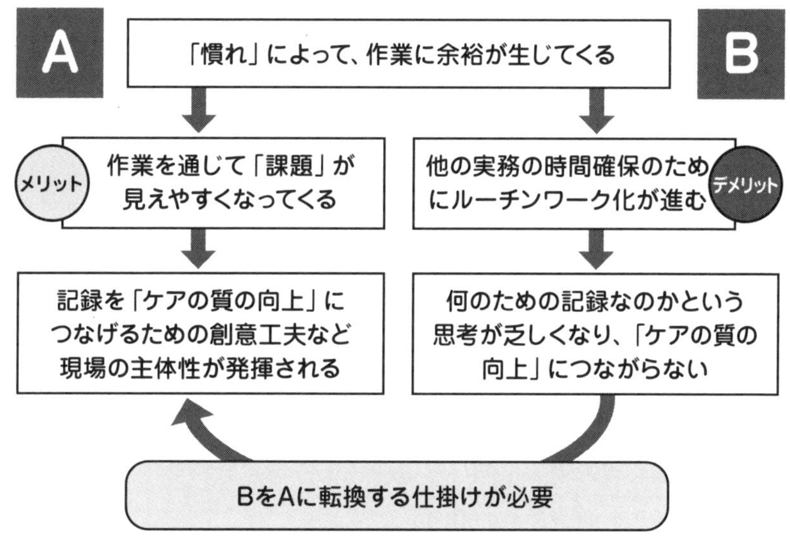

紙による表示といった方法には限界があります。

そうなると、ICT 機器上で「意識づけしたい」ことを表示するという方法が望ましいでしょう。**OS 上のタスクマネジャー**などを活用することで、機器を立ち上げたり、記録用ソフトを軌道させた時に「表示する」といったやり方が考えられます（具体的な方法については、メーカー等にご相談ください）。

### ▶作成している記録の「意味」を発信する

具体的に、どのような表示が考えられるでしょうか。

たとえば、それぞれの記録の「意味」を標語的に記す方法があります。栄養管理に関する記録であれば、「ご利用者の日々の栄養状態は、その方の意欲低下や認知症の BPSD 悪化などに深くかかわっていることがあります」といった具合です。

こうした表示があるだけで、「そういえば、最近 A さんの日中の傾眠状態が目立っているが、栄養状態も関係しているのかもしれない」という意識づけをうながすことができます。これだけでも、記録作成への向かい方を深めるきっかけとなります。

もう少し具体的な行動につなげるのであれば、「どういうデータが得られた時に、どのような可能性があるか」という背景や原因となる事象の「一覧」を示す方法もあります。

たとえば、利用者の ADL に関する記録作成において、「起居動作の点数が短期間で落ち込んでいる場合」に「考えられること（例. 脳梗塞などによる体幹機能の急速な低下など）」などを示すという具合です。緊急対応の必要性も想定される中、早期に医療職等につなげるといった行動をうながすことにもなります。

新しいしくみの導入に際しては、さまざまな気づきのヒントを仕掛けておくことが求められます。

## 記録作成時の「意識づけ」を図るには?

タブレット

パソコン

タスクマネージャーなどを活用し、本体やソフトの起動時に、一定の表示が現れるようにする

### 例1 意識づけを図るための注意事項

**●栄養状態に関する記録**

ご利用者の日々の栄養状態は、その方の意欲低下や認知症のBPSD悪化などに深くかかわっていることがあります

**●認知症に関する記録**

認知症のBPSD悪化には、その人をめぐる生活や療養の環境が大きく影響している可能性があることを意識しましょう

### 例2 データごとの可能性を示唆する事項

**●起居動作に関する記録**

急速な悪化が見られる場合
⇒脳梗塞による体幹機能の低下など、緊急対応を要する原因が潜んでいる可能性あり

**●座位の保持に関する記録**

ベッド等に10分以上座っていることができない場合
⇒座っている状態での褥瘡因子が高まっている可能性あり

過去の事例検討などから、その利用者の状態把握で特に注意したい点をピックアップし、記録作成時に注意をうながす表示としたい

コラム

## 利用者が入院して記録が途絶えた場合

入院中の状況について、医療機関からの情報で「つなぐ」

**相談員L**　入院されていたMさんが退院されてサービス再開となったのですが、ADLや認知症のBPSDなどの状態が大きく変わっていまして。入院前のケアの方針からの見直しが必要になりました。
**管理者N**　改めて一からアセスメントする部分も増えるからね。
**相談員L**　実は、現場の介護職から、「入院前の記録は役に立たない」という声が上がったんです。「そんなことはない」と言ったのですが、確かに入院を経てご本人の意向なども変わったりするので、入院前の記録から何を読み取るのかという具体的なアドバイスが難しいなと。
**管理者N**　確かに難しいね。この施設でも高齢化とともに重度者が増えて、入院リスクが高まっている。そうした時に、「以前の生活との継続性をどう読み取るか」というのは大きなテーマになるな。

### ◎入院中でも「入院前の生活」は継続している

**管理者N**　一つの考え方なのだが、入院中でも手術や治療というイベントだけでなく、その人の「生活」もある。その時の状況に、入院前の「生活」との継続性が見られるとするなら、入院中のご本人の状況について病棟の看護師さんなどからヒアリングして、「入院前の記録」と照合することでいろいろ気づくことがあるかもしれない。
**相談員L**　そうか、「入院中」のご本人の訴えとか「しようとしていること」が把握できれば、その根っこは「入院前」にあるはずですね。
**管理者N**　となれば、入院を経てご本人の訴えが変わったとしても、本質的な意向で「入院前」から継続しているものが隠れているはずだ。それを読み解くうえでも、入院前の記録を検証することは必要だね。
**相談員L**　まずは、入院中のご本人の様子について、地域医療連携室に連絡して病棟の看護師さんから情報をとってみたいと思います。

〈参考資料〉

・「ケアの質の向上に向けた 科学的介護情報システム（LIFE）利活用の手引き」（2022年6月24日バージョン）（株式会社三菱総合研究所・ヘルスケア＆ウェルネス本部）
・「令和3年度介護報酬改定における改定事項について」（厚生労働省）
・「バイタリティ・インデックス」（一般社団法人・日本老年医学会）
・「低栄養状態のリスクレベル評価基準」（厚生労働省）

**田中　元（たなか・はじめ）**
1962年、群馬県生まれ。介護福祉ジャーナリスト。
立教大学法学部卒業。出版社勤務後、雑誌・書籍の編集業務を経てフリーに。主に高齢者の自立・介護等をテーマとした取材・執筆、ラジオ・テレビの解説、講演等を精力的に行なっている。著書には、『【Q&A】「科学的介護」を現場で実現する方法』『【最新版】「相手の気持ちが読み取れる」認知症ケアが実践できる人材の育て方』『ケアマネ & 介護リーダーのための「多職種連携」がうまくいくルールとマナー』（いずれもぱる出版刊）など多数ある。
◎趣味：美術鑑賞、ミニシアター巡り
◎好きな食べ物：ごぼうの炊き物、納豆

**新しい介護記録の書き方・活かし方**
LIFE時代に「介護現場の質を高める」ための記録活用術

2023年4月4日　初版発行

著者　田中　元
発行者　和田智明
発行所　株式会社　ぱる出版

〒160-0011　東京都新宿区若葉 1-9-16
03(3353)2835 — 代表　03(3353)2826 — FAX
03(3353)3679 — 編集
振替　東京 00100-3-131586
印刷・製本　中央精版印刷（株）



ISBN978-4-8272-1342-3　C3036